Werner Neff

Amerika — noch immer ein Traumland?

Eindrücke und Analysen eines Einwanderers aus Europa

BoD

Übersetzung des Buches:
Vision for America
A Swiss Economist Con[...]**n American Politics**
authorHouse, 2014

mit einigen Erweiterungen für das Verständnis der USA

Impressum

ISBN 978-3-7357-0450-4

Herstellung und Verlag:
BoD – Books on Demand, Norderstedt

© 2014 Werner Neff

Mary Ann Colonna Neff (1940–2010)
in grosser Liebe und Dankbarkeit
für die wenigen, aber wundervollen gemeinsamen Jahre
zugeeignet.

Inhaltsverzeichnis

Prolog	9
1. Einwanderung und erste Eindrücke im neuen Land	11
Die Gründe für den Umzug	11
Das amerikanische Englisch und seine Besonderheiten	14
Leute und Gepflogenheiten	17
Eine Reise mit Amtrak	20
Anekdoten	23
2. Kein Kulturschock, aber doch vieles anders	25
Ein kurzes Portrait der Schweiz	25
Das Bild des Amerikaners in der Welt	27
Arm und Reich	29
Des Amerikaners schneller Geschäftsrhythmus	30
Die amerikanische Lebensart verkaufen oder kaufe jetzt und bezahle später	32
Das Steuersystem	35
Unternehmenssteuern	39
Das Land der unbegrenzten Möglichkeiten	41
3. Das amerikanische Rentensystem - Sind die USA ein Sozialstaat?	45
Das Alter – der dreibeinige Hocker oder die drei Säulen	46
Das erstes Stuhlbein: Die Social Security in den USA	47
Erste Säule: Die schweizerische Alters- und Hinterlassenenversicherung	49
Das Zweite Stuhlbein: Die Betriebsrente in den USA und einige Probleme	49
Zweite Säule: Die Betriebsrenten in der Schweiz	51
Drittes Stuhlbein und Dritte Säule: Private Vermögensteile	52
Altersmässige Vergünstigungen	53
4. Das amerikanische Gesundheitswesen und Bemerkungen zum Verhältnis Staat - Bürger	55
Krankenversicherung — Medicare/Medicaid	55
„Obamacare" von 2010	56
Teure Krankenversicherung	59
Probleme der Nicht-Versicherten und andere Eigenheiten	61
Obligatorische Krankenversicherung in der Schweiz	64
Freiheit und Sozialeinrichtungen in den USA – Misstrauen gegenüber Regierung und Kongress	66
Angst vor einem Sozialstaat europäischer Prägung	70

Was für einen Realisierungsgrad will ein Land einführen?	72
Zu Ehren der amerikanischen Demokratie	73

5. Amerika im Spiegel der Welt 75

Geschichte der USA von 1945 bis heute	75
Alleiniger Führer der Welt	77
Der Irakkrieg – Sinneswandel in Europa gegenüber der Politik der USA	78
Arroganz und kulturelle Indifferenz	80
Der Weltpolizist	82
Doppelmoral	83
Zerstören die Konservativen die amerikanische Demokratie?	85
Vom Vorbild zu einer Liste ungelöster Probleme	86

6. Ein aktuelles politisches Portrait der USA 89

Neue Aufgaben	89
Das politische Leben in Amerika – Keine Kompromisse mehr	90
Das Zweiparteien System	95
Der Zusammenbruch von 2007 und der Einfluss auf die Weltwirtschaft	97
Konjunkturprogramme	98
Aufschwung und Niedergang der amerikanischen Industrie	99
Ökonomische Folgen – Alles wird in China hergestellt	102
Ein anderer Zugang in Europa	108

7. Meine Vision für Amerika 111

Vertrauen, Solidarität und Werte	111

Prolog

Der Leser mag sich wundern, wieso ein Einwanderer sein neues Leben in den USA kommentiert. Die Angelegenheit ist einfach zu erklären. Ich war mit einer Amerikanerin verheiratet. Wir lebten in der Schweiz und hatten viele Kontakte zu Amerikanern durch Familienbande und Freunde. Wir besuchten die USA sehr oft.

In unserer Ehe hatten Mary Ann und ich eine logische Arbeitsteilung der administrativen Aufgaben, wenn es um die Steuererklärung, Versicherungen, Krankenkasse und Führerausweise ging. Sie machte alles, was die Vereinigten Staaten betraf und ich tat, was wir in der Schweiz benötigten.

Als meine Gattin schwer krank wurde und immer weniger fähig war, diese Aufgaben zu erfüllen, musste ich sie nach Colorado zurückführen, wo sie in einem Pflegeheim lebte. So hatte ich in kurzer Zeit alle ihre Administrativaufgaben zu übernehmen. Wenige Tage nach meiner Pensionierung siedelte ich in die USA über um in der Nähe meiner Frau zu sein. Da war ich schnell mit der Social Security (der staatlichen Rentenkasse der USA), der Krankenkasse und Steuern beschäftigt. Ich hatte meinen Führerausweis zu bestehen und so weiter.

Zu Beginn hatte ich nicht die Absicht, über die Einzelheiten des amerikanischen Alltagslebens zu schreiben. Als ich jedoch in den Papierkram eingetaucht war, hierfür Telefongespräche führte, mich mit Gesetzen und Vorschriften für die Steuern und der Social Security vertraut machte, begann ich, meine Eindrücke an die Familie und Freunde in der Schweiz mitzuteilen. Diese waren interessiert und beeindruckt. Eines Tages legte ich alle Texte zusammen und begann zu schreiben. Das war der Start zu meinem Buch!

* * *

Der Leser wird einen grossen Unterschied zwischen dem ersten Kapitel und dem Rest des Buches feststellen. Ich beginne mit der Beschreibung des amerikanischen Volkes, das warm, offen, freimütig und im Umgang angenehm ist. Es drückt Würde und gegenseitigen Respekt aus. So erlebe ich den Amerikaner in seinem Land.

In den nachfolgenden Kapiteln beziehe ich mich auf die Vereinigten Staaten als Staat mit seiner Sozialgesetzgebung und seinen Institutionen und der eigenartigen Ausprägung des politischen Lebens, die das Land regiert. Es ist meine Absicht, klar zwischen den Amerikanern als Individuen und Amerika als Nation mit seiner Regierung und seinem Führungsanspruch zu unterscheiden. Ich hoffe, dass der Leser sehen wird, dass diese Unterscheidung wichtig ist.

Als Ökonom, der an schweizerischer und europäischer Wirtschaft und Politik interessiert ist, fühle ich mich angesprochen und verpflichtet, meine Kenntnisse, meine Einsichten, meine Beobachtungen und meine Meinung von aussen einzubringen. Es sind meine Eindrücke als Einwanderer, der seinen Beitrag leisten will und ein Risiko eingeht – indem er versucht zu erklären, was in diesem Land möglich wäre. Es mag harsch und kritisch klingen, wenn ich meine Eindrücke ungefragt darlege und am normalen Gang der Dinge rüttele und meine Ansichten teile. Als Gesellschaft bemühen wir uns, den Lebensstandard zu heben und ein gutes Leben zu bieten, hier in diesem Land wie auch anderswo auf der Welt.

Der Neubewohner der USA bringt Erinnerungen und Erfahrungen im Sozialverhalten aus seiner Heimat mit, die er automatisch in seiner neuen Heimat anwenden will. Und da beginnen einige Fragen. Was er als vorgegeben und selbstverständlich ansieht, ist in der neuen Heimat oft ganz anders geregelt. So muss er in der Wirklichkeit des amerikanischen Lebens viele Hindernisse überwinden. Der Leser wird eingeladen seinen Überlegungen zu folgen.

1. Einwanderung und erste Eindrücke im neuen Land

Die Gründe für den Umzug

Mein Profil als Einwanderer in die USA ist eher untypisch. Ich bin 2010 aus der Schweiz übersiedelt, kurz nachdem ich pensioniert worden war. Ich wollte in der Nähe von Mary Ann, meiner amerikanischen Gattin sein, die an der Alzheimer Krankheit litt. Sie hatte einige Monate in einem Pflegeheim in Zürich verbringen müssen, bevor sie, auf eigenen Wunsch und in gemeinsamer Absprache, in ein Heim in Colorado verlegt werden konnte, dorthin, wo sie zu Hause war, bevor wir geheiratet haben. Hier konnte sie ihre eigene Sprache sprechen. Ich wollte ihr kurz darauf nach Colorado folgen. Unsere wunderbare Ehe wurde durch die sich schnell entfaltende Krankheit und das Leiden zerrissen. Es war ein kleiner Trost, dass wir diese Massnahme noch durchführen konnten, bevor es zu spät war.

Ich habe mich darauf gefreut, den Ruhestand mit meiner Ehepartnerin zu erleben. Wenn auch die Umstände nicht mehr als glücklich bezeichnet werden konnten, entschied ich mich, das Beste daraus zu machen, und freute mich auf mein neues Leben in den USA. Tage vor meiner Pensionierung liess ich meine Sachen in einen Container packen und an meine neue Adresse verschiffen.

Um etwa gleichzeitig mit dem Container an meinem neuen Wohnort anzukommen, unternahm ich eine lange Zugreise mit Amtrak[1] durch das grosse Land; ich bin ein begeisterter Bahnfahrer. Es war eine schöne Abwechslung im Vergleich zu den vielen eiligen Kurzreisen in die USA, die ich im Jahr zuvor unternommen hatte.

---

[1] Amtrak ist die grosse Bahngesellschaft für Personenverkehr im Land. Sie betreibt ein Netz von der Atlantik- bis zur Pazifikküste. „Am" steht für American und „tra(c)k" für Gleis/Spur.

Als ich meiner Familie und den Freunden in der Schweiz mitteilte, dass ich in die Vereinigten Staaten umziehen und mich verabschieden wolle, waren alle überrascht. Zehn oder mehr Jahre früher wäre jedermann erfreut gewesen und hätte mich um meine Entscheidung beneidet, aber 2010 war die Sache anders. Warum sollte ich in ein verarmtes Land mit täglichen Skandalen in Wirtschaft und Showbusiness ziehen? Wollte ich wirklich in einem Land sein, das nach wie vor in Kriege engagiert ist, die die Bush/Cheney-Regierung begonnen hatte? Wollte ich in einem Land leben, das sich nicht um die Armen kümmert? Die Verwüstungen des Hurrikans Katrina in New Orleans hatten nur einen kleinen Teil des grossen und schönen Landes erfasst, aber jeder hatte noch die Bilder von Tod und Zerstörung und die erschreckend mangelhafte Reaktion von offizieller Seite darauf vor Augen.

Was ich hörte, war eine Liste von negativen Geschichten über die USA, die in europäischen Köpfen vorherrschend sind. Alle Argumente waren richtig, kein Punkt war erfunden oder boshaft. Es waren lediglich Erinnerungen an die Nachrichten, die man in Europa über die USA hört und die sich weitgehend auf das Negative beschränken. In der Schweiz waren individuelle Gründe und Eindrücke mit einer negativen Einstellung gegenüber den USA und ihrer internationalen Politik verschmolzen.

Trotz aller Kommentare und Bedenken gab es für mich keine Gründe, die mich von meiner Auswanderung hätten abhalten können; ich zog zu meiner Gemahlin nach Colorado.

Das Einreiseprozedere der USA ist einzigartig in der Welt. Es wird von den meisten Ausländern als streng und kompliziert wahrgenommen. Die Ankunft des Fluges von Zürich nach Washington Dulles fällt mit rund 30 anderen Flügen zusammen, die von zahlreichen Städten in Europa herkommen. Bevor man an der Reihe ist, um überprüft zu werden, vergeht oft eine Stunde. Der Einreisebeamte kontrolliert den Pass und den Fragebogen, macht ein Porträtfoto und nimmt Fingerabdrücke, erst dann wird er – hoffentlich – die Einreise mit einem Stempel in den Pass gutheissen. Manchmal wird der Beamte zusätzlich Fragen haben oder Bemerkungen machen.

Es scheint für die Beamten schwierig zu sein, zwischen Tourist und Terrorist zu unterscheiden. Tatsache ist, dass einer meiner Freunde nur noch nach Kanada in die Ferien geht, um die Einreise in die USA zu vermeiden. Es gibt andere Wege, um einen Bogen um die langen Warteschlangen bei der Einreise in die USA zu machen: Ich wähle beispielsweise spezielle Flugzeiten (Flüge mit früher oder später Ankunft in New York oder Washington) oder kleinere Ankunftsorte, wie New York-Newark, Toronto, Denver, Boston oder Philadelphia, die oft mehr Beamte als Reisende zählen.

Im Vergleich dazu dauert die Einreise in Zürich oder Genf ungefähr zwei Minuten. Ein Beamter kontrolliert den Pass mithilfe eines Computersystems. Es gibt keine weiteren Fragen.

Das amerikanische Einreiseprozedere steht in grossem Gegensatz zur Zollkontrolle, die schnell und nur ansatzweise erfolgt. Die Zollfragekarte, die bereits auf dem Flug auszufüllen ist, wird nur überflogen. Allerdings kann es durchaus sein, dass das aufgegebene Gepäck durch die Transport Security Administration (TSA) geöffnet worden ist, die eine Visitenkarte in Form eines Informationsblattes im Innern des Koffers hinterlässt.

Warum machen die Vereinigten Staaten eine derart strikte Einreisekontrolle? Der Grund ist klar: Die USA kennen keine Einwohnerkontrolle. Wer die Grenzen des Landes überschritten hat, geniesst uneingeschränkte Freiheit, sich zu bewegen. Selbst wenn man von einem Ort zum anderen umzieht, sind die Behörden nicht involviert.

In Europa muss sich jeder Einwohner im Rathaus mit seinem Ausweis registrieren lassen und seine genaue Adresse angeben. Die Gemeinde weiss zu jeder Zeit, wie viele Einwohner sich legal in der Stadt aufhalten. Die Einwohnerkontrolle erlaubt es, Steuerunterlagen und Abstimmungs- und Wahldokumente zuzustellen, Einwohner zum Militärdienst einzuziehen oder die schulpflichtigen Kinder einzuschulen.

Ein vergleichbares, jedoch freiwilliges Vorgehen in den USA ist die Nachführung der Adresse bei der staatlichen Rentenbehörde (Social Security). Meistens hat man in den USA den ersten Kontakt mit den lokalen Behörden, wenn man den Führerschein machen will oder eine Autonummer beantragt. Die Amerikaner empfinden die Einrichtung der Einwohnerkontrolle als Bedrohung. Sie befürchten von der Regierung kontrolliert zu werden.

Das Prozedere bei der amerikanischen Botschaft in Bern, um die Aufenthaltsgenehmigung (Permanent Resident, bekannt als „Green Card"), war effizient und tadellos. Mit der „Green Card" hat man Anspruch auf eine eigene Mitgliedernummer bei der Social Security (staatliche Rentenkasse). Und diese ist nötig um Versicherungs- und Krankenkassenpolicen abzuschliessen, das Nummernschild des eigenen Wagens zu lösen und den Führerschein abzulegen. Alle administrativen Schritte für Versicherungen und Auto konnte ich mühelos und schnell erledigen.

Kaum war ich angekommen, nahm ich die Regeln des Alltags der neuen Heimat an. Zu meiner Überraschung fühlte ich mich schon nach zwei Wochen wie ein Amerikaner. Leute, die ich im Supermarkt oder am Skilift traf, Freunde, Nachbarn oder Reisebekanntschaften, alle waren äusserst freundlich und hilfreich. Der Amerikaner begrüsst dich mit „Hello", „Hi, how are you?" oder „How are you doing today?" und helfen dir, dich heimisch zu fühlen. Einwanderer, heute vor allem aus Asien oder Lateinamerika kommend, geniessen grossen Respekt, da sich die Amerikaner das Schicksal ihrer Eltern oder Grosseltern in diesen Personen vergegenwärtigen. Die Freundlichkeit, die man im ganzen Land antrifft, ist eindrücklich.

Das amerikanische Englisch und seine Besonderheiten

Die englische Sprache ist der Zugang zum Verständnis der Bewohner, der Kultur und der Gewohnheiten der neuen Heimat. Bücher, Zeitschriften und Zeitungen zu lesen sowie Fernsehsendungen und Hollywoodfilme anzusehen, waren gute Übungen für mich, um die Leute und die Politik in diesem grossen Land kennen und verstehen zu lernen. Ein Grundstock an Namen von Berühmtheiten oder politischen Figuren ist nötig, um Redewendungen und Anspielungen in der Presse zu verstehen. Eine grosse Anzahl von unterschiedlichen Büchern und Filmen half mir Namen und Zusammenhänge zu erkennen.

Viele Anspielungen haben mit historischen Figuren zu tun: Charles Ponzi (Erfinder des Schneeball-Zahlungssystems), Bugsy Siegel (Mitglied der Luciano Gangsterfamilie und Förderer der Las Vegas Kasinos), Harry Houdini (Verwandlungskünstler), J. P. Morgan (New Yorker Bankier), Molly Brown (Millionenerbin aus Colorado, Überlebende des Titanic-Unglücks), Alger Hiss (als Sowjetspion vom McCarthy-Tribunals angeklagt und wegen Meineid verurteilt) und vielen anderen. So wie in den USA niemand weiss, was es mit dem Soldaten Schwejk oder Max und Moritz auf sich hat, sind all diese Personen in Europa wenig bekannt.

Das Buch *Ragtime*[2] von E. L. Doctorow möchte ich hier hervorheben, da es die Biografien von J. P. Morgan, Harry Houdini, dem Industriellen Henry Ford, der Schauspielerin Evelyn Nesbit und anderen in einem historischen Zusammenhang verbindet. Die darin beschriebene Tragik des afroamerikanischen Jazzsängers Coalhouse Walker will ich hier nicht verraten.

Formulierungen, die ich in Inseraten, in der Werbung und in Schaufenstern sah, wie „Start Saving Now", „Thanksgivings[3] Savings" und „Plan Your Fall Heating Controll and SAVE ", haben mich zuerst stutzig gemacht. Ich dachte, dass der Ausdruck „Sparen" gewählt wird, wenn man Geld auf die Seite legt. Heute wird „to save" benutzt,

---

[2] E. L. Doctorow, *Ragtime*, New York, 2007 (1974)
[3] Thanksgiving Day ist Ende November der höchste Feiertag der USA. Es ist ein Erntedankfest der ersten europäischen Siedler an die damaligen Ureinwohner, den Indianern. Das Festessen besteht aus einem gefüllten Truthahn mit Preiselbeeren, süssen Kartoffeln und Kürbiskuchen.

um Leute zum Kaufen, also zum Geld Ausgeben, zu verleiten, sozusagen im genau gegenteiligen Sinn der ursprünglichen Aussage. Meist erhält man irgend einen Rabatt, wenn man einkauft. Das wird als Sparen angesehen. Der lokale Supermarkt listet auf der Quittung die Einsparungen gleich neben der Summe der Ausgaben. Die Verkaufsperson an der Kasse sagt mir immer, wie viel ich bei meinem heutigen Einkauf gespart habe.

Als ich einmal mitten in Manhattan für meinen Haarschnitt zahlte, habe ich die dreissig Dollar hingelegt, wurde aber gleich darauf aufmerksam gemacht, dass der reguläre Preis vierzig Dollar wäre, aber Haareschneiden diese Woche im Angebot sei. Anstatt dass der Friseur mir für meinen Auftrag dankbar war, musste ich mich für den Preisnachlass bedanken. Eine verkehrte Welt in meinen Augen!

Andererseits fand ich es sehr amüsant zu erfahren, dass die Steuerbehörde ihre Steuerzahler derart erzogen hat, dass nur noch vom „Tax Return", der Steuerrückerstattung, im Zusammenhang mit Steuerzahlungen die Rede ist. Dass zuerst ein Einkommen geschaffen werden muss, die Steuern deklariert und bezahlt werden müssen und erst am Schluss eventuell eine Steuerrückerstattung stattfindet, hat keine Bedeutung mehr. „Steuerrückerstattung" oder „Rückerstattung" haben das Wort für Steuern und das Steuerformular abgelöst.

Ich liebe es, wenn ich ein Schild sehe wie „Die beste Vorführung der Welt". Es ist schwierig, zu vergleichen und das Beste zu ermitteln, da eine solche Wertung auf subjektiven Beobachtungen beruht. Mit dem Grössten ist es anders. Das ist quantifizier- und vergleichbar. Wenn mir erzählt wird, dass ich im besten Restaurant der Welt esse oder dass ich die grösste Darbietung („The Biggest Show") der Welt sehe, so weiss ich, dass es sich vermutlich um eine Übertreibung handelt, aber das hindert mich nicht daran, mich zu amüsieren.

„Guys" ist dem Wörterbuch nach das Wort für zwei oder mehrere Jungs. Für mich ist der Ausdruck klar männlich. In einer romanischen Sprache, das weiss ich, folgt nach einem männlichen und mehreren weiblichen Subjekten das Verb in der maskulinen Form. Wenn ich hier höre, dass das Wort „Guys" für eine Gruppe von ausschliesslich Frauen benutzt wird, schmunzle ich immer.

Leute und Gepflogenheiten

Gute Umgangsformen in der Öffentlichkeit werden in den USA strikte befolgt. Sei es an Busstationen, am Kiosk, beim Betreten eines Restaurants oder beim Warten am Skilift, überall stellen sich die Leute ordentlich in eine Reihe. Das ist sehr angenehm und ich hoffe, dass dies so bleibt.

Wird man gestossen oder in einer Menschenmenge von jemandem berührt, so hört man gleich eine Entschuldigung, selbst in der Penn Station in Manhattan. Wenn ich daran denke, wie sich die Leute vor einem Tram oder einem Bus in der Schweiz drängeln, oder sich in den öffentlichen Verkehrsmitteln ihre Sitzplätze erkämpfen, wird mir leicht übel.

Auch Autofahren ist hier sehr angenehm. Die Achtung vor den Fussgängern, einschliesslich der Schulkinder, ist bemerkenswert hoch. Einige Verkehrsregeln wie etwa das Vortrittsrecht sind ein bisschen anders, sie sind aber leicht zu verstehen und werden von allen beachtet. Eine kluge Art, einen Unfall zu verhindern, ist auch die Warnung, die die Fahrradfahrer den Fussgängern gegenüber machen, indem sie, von hinten kommend, „zu Ihrer Rechten, zu Ihrer Rechten" rufen. In der Schweiz wird man eine schrille Glocke hören und man weiss nicht, auf welche Seite man springen muss.

Die Leichtigkeit, mit der Amerikaner untereinander in Kontakt treten, ist eindrücklich. Sie sind redselig und offen für jede Konversation. „Wo kommen Sie her?" kann in Kürze zu einer lebhaften Diskussion über das Skifahren, soziale Institutionen oder Erinnerungen an eine Europareise führen. Wo immer man sich befindet, man kann die unterschiedlichsten Themen mit Fremden aufgreifen und Ideen austauschen. Die wenigen Minuten Wartezeit beim Schlangestehen am Skilift oder im Einkaufszentrum werden für Gespräche über kleinsten Banalität bis zum heissen politischen Thema genutzt.

Die Höflichkeit der Leute zeigt sich auch in der Hilfsbereitschaft im Alltag. Wenn ich mich in einer Stadt verloren fühle, richte ich mich an die nächststehende Person mit der Anrede „Sir" oder „Ma'am". Selbst vorbeihuschende Leute halten an. Die angesprochene Person versucht zu helfen. Die Höflichkeit und der Respekt, die bei solchen Begegnungen spürbar werden, sind bemerkenswert. Es ist eine wunderbare Kombination von Formalität und Geselligkeit. Ich fühle mich sehr wohl in dieser Umgebung.

Wo immer man in diesem Land hingeht, es sind überall freundliche Leute anzutreffen – in der Arztpraxis, im Supermarkt oder jedem öffentlichen Ort. Es ist ein grosses Vergnügen, ins Restaurant zu gehen; man wird herzlich begrüsst und der Service ist ausgezeichnet und höflich. Sogar im Amtrak-Speisewagen wurde ich an den Tisch begleitet. Im ganzen Land sind die Tische immer aufgeräumt und innert Sekunden steht ein Glas Wasser vor dem Gast. Das Bedienungspersonal ist freundlich und erklärt den Gästen die vielen speziellen Tagesangebote. Üblicherweise stellt sich das Personal mit dem Vornamen vor. Es gibt bemerkenswert viele verschiedene Gastronomien. Viele gute und schön angerichtete Speisen finden den Weg zum Gast.

Kochunterricht ist im ganzen Land sehr beliebt. Weine aus dem Westteil des Landes – Kalifornien, Oregon, Washington und sogar Colorado – nehmen es mit den Weinen der Welt auf. In der Tat ist die weltweite Verbesserung in der Weinherstellung ab 1970 von Kalifornien ausgegangen.

Die offenen Kommunikationsformen im Land und der natürliche Umgang mit Problemen steigert die Kreativität, die zu vielen nützlichen und verblüffenden Erfindungen führt. Die grossen Erfolge von elektronisch gelenkten Produkten wie Personal Computer, Tablets und zu Kleincomputer ausgebauten Telefone konnten nur mit einer Einstellung geschaffen werden, keine Einschränkungen bei neuen Ideen zu machen und neue Vorgaben zu entwickeln und neue Begehren zu wecken.

Eine der spannendsten Begebenheiten unserer Zeit ist das Aufkommen von elektronischen Geräten, die vor 20 Jahren noch unbekannt waren. Wie sind die Erfindungen und die Akzeptanz der neuen Kommunikationsgeräte zustande gekommen? Was würden meine Grosseltern zu Internet, e-mail, Facebook, Twitter und PayPal sagen? Die Offenheit und Unvoreingenommenheit in Amerika fördert die Kreativität. Und Kreativität fördert die Wirtschaft mit der Bildung neuartiger Produkte und Dienstleistungen und vielen neuen Nebenleistungen. Sie schafft aber auch Dominanz in den Standards. Die Erfindung eines neuen Produktes und deren Anwendung bestimmt Grundregeln und Prozesse. Die amerikanischen Vorgaben müssen daher oft weltweit übernommen werden.

Die ganze Welt bekommt die Auswirkungen der amerikanischen Sicherheitsvorschriften zu spüren. Das betrifft Dokumente wie Pässe oder Bestätigungen oder jede Art von Produkthaftung. Auch Reisevorschriften wie die Kontrollen an Flughäfen sind bekannt wie auch Verkaufsbeschränkungen für alles, was sich möglicherweise in Waffen umwandeln liesse. Und schliesslich die Verbote im Bereich Kundenbeziehungen (keine Eröffnung von Bankkonten wegen möglicher Steuerbetrügereien oder Terrorattacken). Seit dem Angriff im September 2001 sind die Bestimmungen von der Angst vor neuen Terrorattacken geprägt.

Allerdings sind nicht alle Einzelheiten des amerikanischen Lebens geregelt. Ich lebe in einer kleinen Gemeinde. Um eingeschriebene Post abzuholen, muss ich keinen Personalausweis mehr zeigen. „Wir sind ein kleiner Ort", sagte mir der Postangestellte. Das ist sehr angenehm.

Wenn ich meinen Freunden in der Schweizer Heimat von meinem guten Leben in Colorado erzähle, sind sie meist sehr erstaunt. Das

Bild vom komfortablen Leben mit guten Dienstleistungen und der breiten Produktauswahl wird nicht vermittelt und erreicht sie nicht.

Man muss erwähnen, dass die amerikanische Presse, das Radio und das Fernsehen auf Katastrophen und Sensationen ausgerichtet sind. Schlechte Nachrichten geben mehr her als die vielen positiven Bemühungen und Entwicklungen im Land. Diese schlechten Nachrichten werden in Europa von den Zeitungen und vom Fernsehen weitergegeben. Von den kriegerischen Handlungen im Irak und in Afghanistan ist im amerikanischen Alltag in den Rocky Mountains kaum etwas zu spüren.

Es ist für mich trotzdem eigenartig zu erfahren, dass in Europa nur von Krieg, Verbrechen und Verwüstungen berichtet wird, wenn von den USA die Rede ist. Die positiven Aspekte, die ich jeden Tag erlebe, sind offenbar nicht erwähnenswert. Das Alltagsleben nimmt hier seinen gewohnten Lauf.

Andererseits sind die Sicherheitsvorschriften für Motorradfahrer in den USA offenbar auf einem anderen Niveau als in Europa. Dort müssen Motorradfahrer einen grossen Helm tragen, um bei einem Sturz mögliche Verletzungen zu vermeiden. Was sehe ich hier auf den Strassen in Colorado? Motorradfahrer auf grossen Maschinen zeigen sich mit flatternden Haaren, da es keine Vorschriften fürs Helmtragen gibt! Es ist verwunderlich, diese „Freiheit" zu sehen.

Eine Reise mit Amtrak

Europa ist bekannt für das gute Eisenbahnnetz. Schnelle Züge in Frankreich, Deutschland und Spanien oder gute Anschlüsse an Verkehrspunkte in Dänemark oder der Schweiz beeindrucken Amerikaner, die in Europa zu Besuch sind. Die Alpen sind mit Eisenbahnen aller Art (Zahnradtechnik, Drahtseilbahnen) und Gondelbahnen sehr gut erschlossen. Derartige Anlagen sind in den Rocky Mountains nur in den Wintersportorten anzutreffen.

Dabei wird vergessen, dass die USA einst Pioniere im Eisenbahnbau waren und die Erschliessung des grossen, neuen Landes mit der Eisenbahn erfolgte. In Colorado gibt es jedoch einige alte Schmalspurbahnen meist als Relikte vom Bergbau, die sich durch interessante Täler mit Schluchten winden und bei Touristen beliebt sind.

Mir fällt der Name UNION PACIFIC ein, wenn ich an das amerikanische Transportsystem denke. Wahrscheinlich wegen der Wildwest-Filme, in denen zwielichtige Gestalten mitten in der Wüste Eisenbahnzüge überfallen. In der Schweiz existiert eine Fangemeinde dieser alten amerikanischen Züge mit den gelben Lokomotiven, seien es Bastler mit Modellanlagen oder begeisterte Touristen in den USA. Von Zeit zu Zeit werden auch interessante Zeitungsartikel über das Eisenbahnwesen in den USA publiziert.

Meine Amtrak Reise führte mich von der Hauptstadt Washington nach Atlanta, New Orleans, San Antonio, Oklahoma City, Los Angeles und San Francisco und von Westen her durch Nevada und Utah nach Colorado. Ich hatte das Glück, auf jeder zweiten Etappe Freunde oder Familienangehörige besuchen zu können.

Es war grossartig, durch die verschiedenen Landschaften zu reisen und Mitreisende kennenzulernen. Die Begegnung mit Senioren, Bahnfans, Studenten, Militärangehörigen und anderen Touristen wie auch dem ausgesprochen kompetenten und freundlichen Personal war ein gelungener Einstieg, meine neuen Landsleute kennenzulernen.

Die Amtrak-Zugskompositionen sind unterteilt in Coach Class (Sitzplätze) und Sleeper (Schlafwagen). In der Mitte des Zuges fahren zudem der Speisewagen (Diningcar) und der Panoramawagen. Dieser ermöglicht dank einem gläsernen Dach eine grossartige Aussicht. Die beweglichen Sitze sind quer entlang dem Mittelgang angebracht und erlauben eine ungehinderte Betrachtung der Landschaft.

Auf der unteren Ebene werden in der Cafeteria Snacks, Gebäck und Getränke aller Art offeriert. Mit Amtrak zu reisen ist sehr angenehm. Ich war mit dem Service sehr zufrieden.

Amtrak befährt sehr lange Strecken. Meist liegen die Stationen zwei bis fünf Stunden auseinander. Die Strecke von San Antonio (Texas) nach Los Angeles (Kalifornien) war bezüglich der Dauer die eindrücklichste. Der Zug TEXAS EAGLE kam aus Chicago und war bereits 24 Stunden unterwegs. Die Komposition wird in San Antonio mit dem Zug New Orleans – Los Angeles zusammengehängt. Als SUNSET LIMIT ist die verlängerte Zugskomposition nochmals über 40 Stunden unterwegs.

Ich benützte verschiedene Amtrak Züge mit Namen wie: Crescent, Sunset Limited, Texas Eagle, Coast Starlight, and California Zephyr. Der Bahnhof in Lafayette (Louisiana) ist klein und wird offenbar ganz ohne Bedienungspersonal geführt. Beim Warten auf die Abfahrt war aber eine Frauenstimme zu hören, die uns mitteilte, dass der Zug 30 Minuten Verspätung habe.

Fahrplanmässig war in Lafayette nur eine Minute Aufenthalt vorgesehen, doch die zahlreichen Passagiere, alle mit viel Gepäck, wurden sehr freundlich, ruhig und zuvorkommend vom Begleitpersonal bedient und ihren Plätzen zugewiesen. Die Raucher konnten durch die zusätzlichen Minuten ihr Laster ausleben. Schliesslich ging die Fahrt los.

Ich sass im oberen Stock mit Kopfhörer und Computer ausgerüstet und habe mich auf sechs Stunden Fahrt eingestellt. Die Verspätung in Louisiana berücksichtigend habe ich mit einer Ankunftszeit in Texas um ca. 21.30 Uhr gerechnet. Ich liess mich im Speisewagen bedienen, genoss ein gutes Essen mit Fisch, Weisswein, gefolgt von heissem Tee.

Mein gemütlicher Aufenthalt im Speisewagen wurde kurz nach acht Uhr jäh durch die Ankündigung unterbrochen, wir seien in ca. 15 Minuten in Houston. Ich habe mir durch zwei Kondukteure versichern lassen, dass das wirklich schon Houston sei. Welche Überraschung! Die Kunst ist es also, mit 30 Minuten Verspätung abzureisen und 60 Minuten zu früh anzukommen. Das ist die neue Effizienz von Amtrak!

Die Züge sind im Durchschnitt recht pünktlich, das durfte ich am Schluss der Reise feststellen. Den Verspätungen in New Orleans, Lafayette und Glenwood Springs (meinem Ziel in Colorado) standen frühere Ankünfte in Houston und Los Angeles entgegen, die mich tatsächlich mehr durcheinandergebracht haben als die Verspätungen.

Allen Bahnhöfen ist anzusehen, dass sie mal bessere Tage hatten. Einige der meist grossen Gebäude haben, ausser dem Amtrak-Schalter, keinen weiteren Service zu bieten und andere Verkaufseinrichtungen stehen leer (New Orleans, Fort Worth, El Paso, Oklahoma City). Andere sind ärmlich und klein und liegen in einem Industriegebiet (Atlanta, Houston). Noch kleinere Stationen sind oft herausgeputzt (Lafayette in Louisiana, Glenwood Springs in Colorado). Gross und voller Leben sind die Penn Station in New York, die Union Station in Washington und die Union Station in Los Angeles. Attraktiv an allen Bahnhöfen ist, dass sie im oder sehr nahe beim Stadtzentrum liegen. Eine Ausnahme bildet San Francisco, wo die Station auf der anderen Seite der Bay Bridge liegt, in der Nähe von Oakland.

Anekdoten

Der amerikanische Nationalfeiertag - 4th of July

Am 4. Juli, dem amerikanischen Nationalfeiertag, hörte ich die Nationalhymne drei Mal: zuerst an der Abschlussprobe des Sonntagskonzerts des „Aspen Music Festival and School" um 9.30 Uhr, dann am eigentlichen Konzert um 16 Uhr und schliesslich am Konzert der Brassband um 19.30 Uhr. Das Orchester begann mit einem Trommelwirbel, und alle haben sich erhoben und die Nationalhymne „The Star Spangled Banner" gesungen, so gut sie konnten. Als Ausländer war ich zum Zuhören verurteilt.

Nach der Konzertprobe, etwa um die Mittagszeit, ging ich in die kleine Stadt zurück und landete auf einmal inmitten der Parade zum Feiertag. Alles, was Räder benützte, wurde aufgeboten: Feuerwehrfahrzeuge, Ambulanzwagen, Lastwagen beladen mit Schönheitsköniginnen und Oldtimer aus allen möglichen Zeiten. Veteranen, Wildwest-Gruppen, Pfadfinder, alle zeigten sich dem Publikum. Es war auffällig, wie viele Leute T-Shirts, Jacken oder Halstücher in den Farben rot, blau, weiss und mit „Stars and Stripes" verziert trugen. Das Ganze war ein aufregender und farbenfroher Anlass. Am Abend gab es über dem Aspen Mountain Feuerwerk.

Als meine Freunde, mit denen ich den Tag verbracht hatte, später fragten, ob ich Italienisch oder Chinesisch essen gehen wolle, antwortete ich entrüstet: „Nein, Amerikanisch", und wurde dafür mit einem saftigen Pfeffersteak belohnt.

Ein Coca-Cola ohne Eis, bitte

Im ganzen Land wird die Versorgung mit Wasser grossgeschrieben. An öffentlichen Orten, in Büros oder in Wartezimmern bei Ärzten stehen Wasserdispenser zur Verfügung. In allen Restaurants wird der Gast gratis mit Wasser bedient. Die grossen Trinkgläser sind immer mit viel Eis gefüllt. Als ich auf der Wüstenstrecke von San Antonio nach El Paso meinen Durst stillen wollte und an der Snackbar ein "Coke without ice" bestellte, erkannte mich die Verkäuferin sofort und sagte: "You must be European!"

2. Kein Kulturschock, aber doch vieles anders

Es ist meine Absicht, die USA und die Schweiz zu vergleichen, ohne zu urteilen – ich will nur die aktuelle Realität differenziert darstellen. Es ist ebenso meine Absicht, zu den Geheimnissen erfolgreicher Gesellschaften und Wirtschaften vorzudringen.

Durch meine Darlegungen werde ich die beiden Länder erwähnen, manchmal auch Europa. Wenn auch ungleich in ihrer Grösse, ähneln sich die Schweiz und die USA in vielen Aspekten, von der institutionellen Organisation bis zum Aufbau der Sozialgesetzgebung und zu den Werten, auf denen diese erfolgreichen Demokratien basieren. Und doch sind ebenso viele Gesetze und Vorschriften ganz anders aufgebaut. Ich war von einigen Ergebnissen völlig überrascht.

Einige Male werde ich von „den Amerikanern" sprechen, obwohl mir bewusst ist, dass es nie eine hundertprozentige Übereinstimmung gibt – da sind Republikaner, Demokraten, Lehrer, Bauern, Küchenchefs, Ärzte, Fliessbandarbeiter, Sportler u.v.m. Wenn also die Bezeichnung auch sehr allgemein und nicht allgemeingültig ist, so lassen sich doch einige Eigenheiten und Charakteristiken für die „Neue Welt" und die Vereinigten Staaten im Besonderen herausarbeiten.

Ein kurzes Portrait der Schweiz

Die Schweiz ist ein sehr kleines Land im Herzen Europas, das zwischen Frankreich, Deutschland, Italien und Österreich liegt. Acht Millionen Einwohner sind es heute. In der Verfassung sind vier offizielle Sprachen genannt (Deutsch, Französisch, Italienisch, Rätoromanisch) und fast jedes Tal spricht einen anderen Dialekt. Alle Regierungsdokumente sind in drei oder vier Sprachen veröffentlicht. Es gibt zwei grosse Religionsgemeinschaften, die Reformierte und die Katholische

Kirche und sie sind wie auf einem Schachbrett im ganzen Land vertreten. Bei Volksabstimmungen stellt man oft einen Unterschied zwischen Land- und Stadtbevölkerung fest.

Die Schweiz ist nicht Mitglied der Europäischen Union; und sie hat ihre eigene Währung, den Schweizer Franken. Das politische Leben ist durch einen ausgesprochen demokratischen Aufbau gekennzeichnet. Die Schweizer Bürger haben das Recht, auf Bundes-, Kantons- (Land) und Gemeindeebene ihre Vertreter zu wählen, wie auch das Recht, als letzte Instanz die Gesetzesbeschlüsse der Bundes-, Kantons- oder Gemeindeparlamente durch Volksabstimmungen zu bestätigen oder abzulehnen. Ebenso können Vorschläge für neue Gesetze als Initiativen angenommen oder abgelehnt werden.

Zum Beispiel werden mit den Volksabstimmungen neue Steuergesetze (neue Arten und Veränderungen der Steuersätze), Investitionen für Autobahnen, Bahnprojekte oder andere Bauvorhaben wie auch Bauvorschriften, oder Gesetze für die Krankenversicherung und das Pensionssystem beschlossen. Die Abstimmungsvorhaben werden immer durch Broschüren der entsprechenden Behörden in allen Einzelheiten erklärt und in der Presse ausführlich diskutiert. Im Vorfeld von Abstimmungen finden häufig öffentliche Abendveranstaltungen von Parteien oder Interessengruppierungen (verschiedene Parteien, Gewerbeverband, Umweltschutzorganisationen u.a.) über die Themen statt. Als aktiver Schweizer Bürger ist man so über Argumente, Gegenargumente und viele wichtige Details gut im Bild. Dieser Prozess ergibt schliesslich eine hohe Akzeptanz für die Gesetze und Regelungen im ganzen Land. Oft dauert es Jahre, bis Gesetze angenommen sind, und oft werden sie nach kurzer Zeit angepasst.

Die Schweiz ist der Neutralität verpflichtet. Vor 500 Jahren hat Niklaus von Flüe, Nationalheiliger und moralische Instanz, den Schweizern geraten, sich aus fremden Händeln herauszuhalten. Schweizer waren lange Zeit als Söldner in ganz Europa in Diensten gewesen. Schliesslich fand man zum Grundsatz, dass die Streitkräfte nur die eigene Grenze verteidigen und das Land nicht verlassen sollen. Diese Politik sorgte für inneren Frieden und eine gewisse Sicherheit für das Land.

Aufgrund ihrer Neutralität war die Schweiz weder in den Ersten noch in den Zweiten Weltkrieg involviert. Erst 2002 ist sie der UNO beigetreten und beteiligt sich an friedenserhaltenden Missionen. Der anhaltende Friedenszustand verbreitet Vertrauen und ist sicher ein Grund für den Wohlstand des Landes.

Fleiss, Tüchtigkeit und Pflichterfüllung haben einen grossen Stellenwert. Die Einwohner sind in der Maschinenherstellung, in der Uhrenfabrikation, im Bank- und Versicherungswesen, in der Pharmazeutik und in der Chemieindustrie sowie in der Schokolade- und Lebensmittelherstellung sehr erfolgreich. Zusammen mit der Schönheit des Landes, welche Touristen aus aller Welt anzieht, ergibt sich die Situation, dass die Schweiz eines der reichsten Länder der Welt geworden ist.

Das Bild des Amerikaners in der Welt

Der typische Amerikaner, wie er in Europa wahrgenommen wurde, ist ein reicher, selbstbewusster Selfmademan, der es geschafft hat, seinen Sozialstatus bezüglich Einkommen und Anerkennung durch Fleiss, Können und Glück zu erreichen. Er ist vom Tellerwäscher zum Millionär aufgestiegen, wuchs also als armer Bub auf und hat schliesslich die höchste Stufe eines anerkannten Herrn erreicht.

Finanziell kann er sich alles leisten, eingeschlossen teure Unterhaltung, ein tolles Auto und ein schönes Heim. Alter, Krankheit, medizinische Betreuung oder Spitalaufenthalte machen ihm keine Sorgen. Er ist unabhängig, selbstsicher und vollkommen frei. Er ist der Meister seines eigenen Schicksals. Die Welt liegt ihm zu Füssen, er lebt ein gutes Leben. Geld ist kein Problem und der „American Way of Life" (die amerikanische Art der Lebensführung) ist sein Naturzustand. So sah man bis vor kurzem den Amerikaner rund um die Welt.

Das kritische Auge bemerkt allerdings, dass dieses Bild auf eine schmale Schicht der amerikanischen Gesellschaft beschränkt ist. Einige haben ein komfortables Vermögen, ein ordentliches Leben und ein gutes Einkommen. Andere kämpfen unermüdlich, um diese Ziele zu erreichen, gehören der unteren Mittelklasse an oder sind sogar arm. Für die Meisten tritt das grosse Glück nicht ein und sie bleiben in harter Arbeit stecken, ohne je Millionär zu werden.

Grossindustrielle, Financiers und Magnaten sind in Amerika seit mehr als hundert Jahren prominent vertreten. Eine Liste mit Namen wie Henry Ford, J. P. Morgan, Rockefeller, Singer, Vanderbilt, Kennedy, Bill Gates, Steven Jobs oder Carl Icahn könnten beliebig ergänzt werden. Während der letzten paar Jahre hat eine neue Gruppe von vermögenden Leuten auf sich aufmerksam gemacht. Sie sind hauptsächlich in Führungspositionen der Finanzindustrie anzutreffen, wo sie ihre Talente zeigen. Diese Art von Selfmademen verhält sich in ihrem beruflichen Umfeld aggressiv und selbstsüchtig, vor allem wenn es um ihre Entlöhnung geht. Die Abgangsentschädigung von Richard Grasso, Vorsitzender der New Yorker Börse, wurde auf 140 Millionen Dollar festgesetzt[4] – eine absurde Summe.

Einkommen und Abgangsentschädigungen in zwei- und dreistelligen Millionenbeträgen sind in keinem Fall gerechtfertigt, da sie kaum je wirklich aussergewöhnliche Leistungen und Strategien abgelten. Diese Summen übersteigen, was man selbst für ganz ausserordentliche Leistungen für angemessen halten könnte. Die Infrastruktur des Unternehmens wird vielmehr benutzt, um Einzelne zu belohnen. Die Strategie, Individuen fürstlich zu entlöhnen und im Falle von Verlusten die Bürde dem Staat und damit dem Steuerzahler aufzuladen, ist heute auf der ganzen Welt zu beobachten. „Main Street paid Wall Street" [Der Durchschnittsamerikaner bezahlt die Banken] ist ein bekannter

---

[4] Jenny Anderson, "Stock Exchange's Ex-Chief Wins Battle to Keep Pay" [Ex-Börsenchef gewinnt Schlacht um Entlöhnung zu behalten], *The New York Times*, 2. Juli 2008.

und wahrer Slogan. Die Kontroverse über diese eigenartige Art von Logik, Gewinne an Einzelne auszuzahlen und Verluste der Allgemeinheit zu überlassen, dauert an. Leider sind Entschädigungen dieser Art längst auch in Europa übernommen worden.

Arm und Reich

Manche gut situierten Amerikaner fühlen keinerlei Solidarität mit dem armen Amerikaner, auf jeden Fall nicht im Sinne einer sozialen Verantwortung oder der Notwendigkeit von sozialen Institutionen. Den Betroffenen wird durch Freiwilligenarbeit von Kirchgemeinden und Organisationen geholfen, die im ganzen Land vertreten sind. Das ist eine ausserordentliche Leistung. Diese Art, dem Problem zu begegnen, ist ehrgeizig und verdient Anerkennung. Aber ist das genug? Ist es der einzige Lösungsweg?

Hunger in einem reichen Land

2009 ging ich an der South Van Ness Avenue in San Francisco in ein Schnellimbiss Restaurant. Auf den Treppenstufen vor dem Eingang sassen vier Männer, die offensichtlich darauf warteten, etwas zum Essen zu erhalten. Einer öffnete mir und anderen Gästen die Tür. Der „Türsteher" war ein hagerer Mann mittleren Alters, der einen ordentlichen Eindruck machte, wenn auch in schmutziger Kleidung, der gezwungen war - und die Demütigung aushalten musste - zu betteln. Mein Eindruck war, dass er hoffte, durch seine nette Geste zu erreichen, dass man ihn mit etwas Essen entschädigen würde. Das Essen, das ich ihm und den anderen Männern brachte, wurde denn auch sofort hinuntergeschlungen. Das Betteln auf den Stufen eines Restaurants hat mich sehr berührt, und dass jemand aus diesem Grunde die Tür für einen öffnet, war eine seltsame Erfahrung. Mir blieb das noch nicht bestellte Essen im Halse stecken. Meine Hilfe war ein isolierter Versuch zu helfen, aber ja nur ein Tropfen auf den heissen Stein. Der

> unvorbereitete Besucher erwartet keine Bettelei in diesem reichen Land.

Es ist auf jeden Fall keine systematische Hilfe. Von der Allgemeinheit anerkannt sind nur Medicare (die Krankenversicherung für Senioren) und Medicaid (die Krankenversicherung für tiefe Einkommen). Staatliche Sozialprogramme wie Arbeitslosenversicherung oder „Food Stamps" für verbilligte Abgabe von Lebensmitteln sind immer wieder der Kritik ausgesetzt und wegen möglichen Missbrauchs beargwöhnt. In einigen Grossagglomerationen wie New York und Chicago sind ausgebaute Unterstützungsprogramme für tiefe Einkommen und besondere Situationen in Kraft.

Des Amerikaners schneller Geschäftsrhythmus

Der Durchschnittsamerikaner lebt von einem Tag zum andern und wartet auf die nächste grosse Gelegenheit. Die Leute werden von Mut, grossem Einsatz und möglichen Chancen angetrieben, und das Individuum wird beim Gelingen einer Aktion reichlich belohnt. Diese Haltung ist in den USA offenbar tief in das Bewusstsein jedes Bürgers eingeschrieben. Als Einwanderer war der neue Amerikaner oft durch Not und Elend getrieben. Wer gut und schnell auf widrige Lebensumstände reagieren konnte, wurde oft sehr reich. Darin unterscheidet er sich vom Europäer, der spart, plant und Vorräte für den Winter anlegt.

Es ist in den USA üblich, eine neue Stelle am Tag nach der Unterzeichnung des Vertrags anzutreten; das Arbeitsverhältnis wird zwei Wochen nach der Kündigung beendet, oft auch sofort. Die Angestellten von Lehmann Brothers, der 2008 zusammengebrochenen Investmentbank in New York, die das Bürogebäude mit Kartonschachteln gefüllt mit einige Habseligkeiten in den Händen verliessen, hatten nur eine Stunde Zeit. Diese Bilder gingen um die Welt.

In Europa sind die Kündigungsfristen und die Vorgabezeiten in Verträgen grundsätzlich länger. Ein Angestellter beginnt seine neue Stelle in der Regel am nächsten Monatsanfang. Seine Kündigung muss er einen oder bis zu zwölf Monate vor seinem Ausscheiden aus der Firma einreichen, je nach Stellung und Unternehmen (dieselbe Kündigungsfrist gilt für den Arbeitgeber). Er arbeitet, mit Ausnahme von selten Fällen der Freistellung, noch in seiner alten Arbeitsstelle, auch wenn er sich bereits für eine neue Stelle verpflichtet hat.

Die europäischen Halbjahresergebnisse in der Geschäftswelt sind inzwischen durch die in den USA üblichen Vierteljahreszahlen abgelöst worden. Sofortige Resultate sind gefragt; Trendwenden müssen sich schnell zeigen. Leistung und Effektivität werden vom Vorstand über die Mitarbeiter bis zum Unternehmensleiter erwartet. Kürzlich kamen Diskussionen auf, dass die kurzfristige Beurteilung der Geschäftsabschlüsse der amerikanischen Wirtschaft schade.[5]

Vierteljährlich ausgewiesene Unternehmensgewinne sind für die Finanzwirtschaft sicher von Vorteil. Professionelle und institutionelle Investoren haben die Werkzeuge und Mittel und die nötige Zeit, um sich im Markt gut zu verhalten.

Gleichzeitig wurde es für den Kleinsparer ein volatiles und risikoreiches Unterfangen, an der Börse zu investieren. Während der letzten fünfzehn Jahre haben viele Kleinsparer ihre Ersparnisse, die für die Pensionierung vorgesehen waren, verloren. Der Börsengang von Facebook im Frühling 2012 war ein weiteres Beispiel von missratener Finanzaktivität, da der Ausgabewert innert zwei Wochen um einen Drittel fiel.

Wichtige Unternehmensentscheide mögen schnell gefällt sein, doch Änderungen benötigen Zeit, Engagement und Strategie. Je grösser ein Unternehmen ist, desto länger ist die Hierarchieleiter. Mehr Leute sind

---

[5] Rana Foroohar, "Wall Street's Values Are Strangling American Business" (Wall Streets Werte erwürgen die amerikanische Wirtschaft), *TIME Magazine*, 21. Juli 2014

beteiligt und sie alle müssen neue Methoden lernen und ihre Gewohnheiten ändern.

Ungeduld und Misstrauen sind in der amerikanischen Seele allgegenwärtig. Die Amerikaner leben in einer Welt von Skandalen und Fehltritten in Politik und Wirtschaft. Sie blicken in die Zukunft und sind bereit nach neuen Gelegenheiten Ausschau zu halten. Schnelle Entscheidungen sind gefragt. Europäer hingegen machen Gruppenentscheide, bewerten und berücksichtigen die Vergangenheit und stützen sich auf Erfahrung.

Die amerikanische Lebensart verkaufen oder kaufe jetzt und bezahle später

Amerikanische Produkte und Geräte sind in der Schweiz überall erhältlich, jedoch hat der Ruf von „Made in USA" unter den Schweizern stark gelitten. Zum Beispiel haben Kaufverträge für amerikanische Zeitschriften oder Gesundheitsgetränke kleingedruckte Abschnitte, die knifflig und manchmal irreführend sind. Neuerdings wird bei verschiedenen Produkten Druck auf die Käufer durch aufdringliche Telefonanrufe (cold-calling sales) ausgeübt. Die Kaufinteressenten nehmen solche Anstrengungen, sie zu überreden und zu drängen, als belästigend wahr. Meistens nimmt der intensive Kontakt ein abruptes Ende, wenn das Geld überwiesen worden ist. Dann ist kein Kundenservice mehr erreichbar für den Fall, dass das Gut beschädigt angekommen oder von minderer Qualität sein sollte. Schweizer Kunden reagieren in solchen Situationen kritisch, weil die Erwartungen und die Qualitätsstandards hier sehr hoch sind.

Während einiger Jahre waren Drucker erstaunlich günstig. Für ein- oder zweihundert Franken war ein Gerät von anständiger Qualität erhältlich. Die Überraschung kam mit dem ersten tiefen Tintenstand. Neue Patronen für vier Farben kosten etwa die Hälfte des Druckerkaufpreises.

Ein weiterer Versuch, die Marge für Patronen anzuheben, ist die frühe Meldung, dass der Tintenvorrat zu Ende gehe. Mein Drucker meldet mir, die Patronen zu wechseln, wenn noch 20 % des Volumens vorhanden sind. Ein vernünftiges Verhältnis zwischen Kaufpreis und dem Preis der Nachfüllprodukte ist verloren gegangen. Hiervon profitieren die Hersteller, die als Ergebnis einen beachtlichen Cashflow zeigen können. Es hat daher niemanden erstaunt, als billige Patronen auf dem Markt erschienen. Auch die Herstellerfirmen können sich nicht wirklich gewundert haben, dass Imitationen ihrer Patronen ihren teuren Produkten Konkurrenz machten.

In den USA ist es üblich, Güter mit einem Rabatt zu erstehen. Es ist verständlich, dass jedermann Freude empfindet, ein Schnäppchen zu erwerben. Kürzlich habe ich beispielsweise eine Wochenzeitung abonniert. Der Jahrespreis war von 255 auf 30 Dollar heruntergesetzt. Ist das seriös? Ist das ein Märchen? Der Käufer, der den Originalpreis bezahlt, muss sich verschaukelt vorkommen.

Ich habe eine Diskussion auf dem Sender *Newsmax* über die amerikanische Wirtschaft verfolgt. Während des Gesprächs wurde mehrmals Werbung für ein Gratisbuch gemacht. Am Ende der Sendung hatten die Zuschauer Gelegenheit, das Gratisbuch zu bestellen, dessen Thema mich sehr interessierte. Ich war allerdings nicht erstaunt zu erfahren, dass das Gratisbuch nur mit dem Kauf verschiedener anderer Bücher zu haben war, welche mich kaum interessierten. Ein Gratisexemplar? Man muss es sicher bezahlen.

Ein anderes Beispiel ist das Fliegen. Die Flugpreise schwanken oft täglich je nach Angebot und Nachfrage. Ich bin nicht mehr überrascht, den eigenen als Schnäppchen empfundenen Preis nach zwei Wochen nochmals um beinahe 30% unterboten zu sehen.

War es einmal eine Selbstverständlichkeit, dass neben der Personenbeförderung das Gepäck eingeschlossen war, werden von den amerikanischen Fluggesellschaften die aufgegebenen Koffer extra verrechnet. (Wie ich vernehme, sind derartige Praktiken auch in Europa bekannt.) Die Verpflegung ist auf einen Drink beschränkt, Snacks werden gegen Bezahlung angeboten.

Der Verkauf eines Produktes ist ein schwieriges Vorhaben. Die Kunst, dem Verkaufsprozess besondere Beachtung noch vor der Herstellung zu schenken, ist eine amerikanische Erfindung. Sie nennt sich Marketing und befasst sich mit allen Aspekten des Verkaufs, von der Gestaltung des Produkts, der Verpackung, der Reklame, der Preisgestaltung bis zum Kundendienst.

Eine neue Dimension des Verkaufs ist die Umkehrung des Verkaufsprozesses, indem man zuerst die Ware erhält und anschliessend in kleinen Raten zahlt. Der Konsum, das heisst, der Verkauf der Produkte, wird zeitlich vorgelegt und es heisst: zuerst konsumieren und dann bezahlen. Dass sich die Finanzinstitute diese Kleinkredite gut bezahlen lassen, liegt auf der Hand.

Käufe mit Kreditkarten sind ebenfalls eine amerikanische Erfindung. Der Kauf von Gütern mit Bargeld wird vermindert. Diese Zahlart ist ebenfalls ein Kauf auf Kredit, da zuerst konsumiert und anschliessend bezahlt wird. Die amerikanische Wirtschaft ist stark auf das Kredit- und das Kreditkartengeschäft aufgebaut. Die unbedachte Kreditzahlung bewirkt die Illusion, dass der Konsument meint, sich alles leisten zu können, was in seinem Blickfeld angeboten wird. Die Finanzkrise von 2007/2008 zeigte dem Amerikaner, wie gefährlich diese Einstellung war. Die vermeintlichen Vermögenszuwächse entpuppten sich als Luftblasen und liessen viele Familien als grosse Schuldner zurück. Es ist auffallend, dass die Kreditausstände in den USA von 2008 bis 2012 um 17% deutlich zurückgegangen sind.[6]

Kauf auf Kredit und Abzahlungen waren in der Schweiz kaum bekannt, als ich jung war. Es war gesellschaftlich nicht anerkannt. Eine Familie sparte zuerst Geld und kaufte dann das gewünschte Produkt. Das ist so heute nicht mehr gültig. Eine grosse Zahl von Konsumenten

---

[6] netkompakt, der unabhängige Newsticker, US-Kreditkartenschulden schrumpfen um 17% seit Ausbruch globaler Finanzkrise, 5. März 2012

least Autos oder nimmt Kleinkredite auf, um Möbel oder andere Produkte zu kaufen. Heute ist das amerikanische Konsumverhalten auch in Europa Realität geworden.

Die neue Art des Konsumierens mit anschliessender Bezahlung ist allerdings nicht für alle Leute eine Wohltat. Neu und offenbar nötig ist zum Beispiel, dass Budgetberatungsstellen für Erwachsene und Familien eingerichtet werden mussten.

Das Steuersystem

Die lieben Steuern! Niemand zahlt gerne Steuern. Nationale Steuergesetze könnten einfach, unkompliziert und klar sein. Das wird aber gewiss niemand von den USA sagen. Im Gegenteil, man bemerkt, dass das amerikanische Steuersystem extrem unausgewogen sei, dass Wenige die Hauptlast der Zahlungen leisten. Gemäss dem Präsidentschaftskandidaten von 2012 Mitt Romney bezahlen 47% der Einwohner der USA keine Bundessteuern.[7] Er übersah, dass sie arm sind und unter die Steuerbefreiungsgrenze fallen oder, dass sie Rentner mit steuerfreiem Einkommen sind oder legale Abzugsmöglichkeiten (Gesundheitsausgaben, Verlustvorträge, Investitionen) geltend machen.

Da dieses Land eine der progressivsten Steuerskalen kennt, bezahlen die reichsten 10 Prozent der Amerikaner mit ihren Steuern ungefähr 45 Prozent der Steuereinnahmen.[8] Der höchste Steuersatz des Bundes für Einkommen über eine Million Dollar im Jahr ist 35 Prozent. Weitere Steuerbelastungen fallen auf Staats- und Gemeindeebene an.[9]

Die starke Steuerprogression wird durch unzählige Ausnahmen für die Reichen gemildert. Das System ist bekannt für seine vielen Steuerlöcher. Die Neigung, Steuern im grossen Stil zu umgehen, muss mit Präsident Reagans neuer Steuerpolitik von 1981 angefangen haben.

---

[7] Christoph Eisenring, "Romneys verschmähte 47%", Neue Zürcher Zeitung, 20. September 2012
[8] Christoph Eisenring, "Wie viel die Reichen bezahlen", Neue Zürcher Zeitung, 11. November 2011.
[9] Eisenring, ebda.

Diese Politik wird Reaganomics genannt, die die Theorie der „supply side economics" anwendet, die vorgibt, dass tiefe Steuern auf Einkommen und Finanzerträge Ansporn geben, Produkte und Dienstleistungen anzubieten, also die Beschäftigung anzukurbeln. Ich zweifle sehr, dass die Steuervermeidung seine Absicht war. Was eher wahrscheinlich ist, dass der Präsident und der Kongress eine Verbreiterung der Steuerbasis anstrebten, Abzüge streichen und die Steuern herabsetzen wollten (Tax Reform Act 1986). Gemäss seinen Memoiren war der ehemalige Präsident überrascht, dass seine Steuervereinfachungen und Steuerverminderungen derart missverstanden und durch so viele Schlupflöcher ergänzt wurden.[10]

Ein neuer Blick auf die Situation in Amerika ist mit der „Occupy Wall Street"-Bewegung entstanden, die für sich beansprucht, 99% der amerikanischen Bevölkerung zu vertreten. Die Bewegung ist inzwischen stark zusammengeschmolzen, ihre Proteste wurden verhindert. Untersucht man, wer dieses 1 % der Bevölkerung repräsentiert und was diese Menschen für Amerika tun, kommen interessante Einzelheiten ans Licht. Man erfährt, dass viele der Reichen sich nur für sich selbst verantwortlich fühlen und weder Mitgefühl noch Solidarität für den Rest des Landes empfinden.[11] Warren Buffet (Berkshire Hathaway) and Bill Gates (Microsoft) scheinen die Ausnahmen zu dieser Regel zu sein und bekennen, dass sie mehr Steuern zahlen würden, als sie derzeit überweisen müssen. Sie wären bereit, prozentual so viel wie die Geschäftsführer ihrer Unternehmen zu zahlen.[12]

---

[10] Zitiert nach David Kocieniewski, "But Nobody Pays that" [Niemand zahlt soviel], *The New York Times*, 25. März 2011, gestützt auf Donald T. Regan (ehemaliger Stabschef von Präsident Reagan), *For the Record* [Aufzeichnungen] (San Diego, 1988).
[11] Studie der Parkside Invest AG, Zürich, zitiert in *Neue Zürcher Zeitung*, "Die Zeitbomben nach der Euro-Krise", 16. November 2011.
[12] Rana Foroohar, "Warren Buffet Is on a Radical Track" [Warren Buffet ist auf einem radikalen Weg], *TIME Magazine*, 23. Januar 2012, S. 33.

Beispiele zur Einkommenssteuer

	Barak & Michelle Obama U.S. Präsident 2008 – 2016	Newt & Callista Gingrich Republikanischer Politiker	Mitt & Ann Romney Präsidentschaftskandidat 2012
Einkommentotal 2010	1'800'000	3'200'000	21'700'000
Steuerbelastung	450'000	995'000	3'000'000
Wohltätige Zuwendungen	245'000	80'000	3'000'000
Effektive Steuerbelastung	**25 %**	**31 %**	**14 %**

The Washington Post, 23. Januar 2012

Der Grund dafür, dass reiche Amerikaner wie Mitt und Ann Romney im Verhältnis so wenig Steuern zahlen, ist in der Steuerreduktion auf Kapitalgewinne zu finden, die im Jahr 2003 eingeführt wurde. Einkommen aus harter Arbeit werden höher besteuert als Dividenden! Warum dieser Unterschied? Ist dieses Detail eine weitere Gesetzeslücke für Wall Street Banker, die ihre Boni in einen Investment Fond einzahlen, und dann ihre Steuerbelastung von 35 % auf 15 % reduzieren können?

Wollen Sie wissen, wie die Lösung hierzu in der Schweiz aussieht? Ausbezahlte Dividenden werden zum maximalen Steuersatz von 35 % sofort belastet. Die Banken müssen 35 % einbehalten und zahlen diesen Betrag anonym an die Steuerbehörde (Verrechnungssteuer resp. Withholding Tax). Wenn dieses Einkommen korrekt in der Steuererklärung angegeben wird, berechnet sich die Steuerschuld aufgrund der erreichten Progression. Im Falle einer Abweichung wird die bereits bezahlte Verrechnungssteuer zurückvergütet.

Und schliesslich muss ich die amerikanischen Staatsbürger nennen, die, selbst wenn sie ihr Leben lang im Ausland leben, sich nie werden von der Steuerpflicht gegenüber der amerikanischen Steuerbehörde (Internal Revenue Service IRS) lösen können. Sie müssen, unabhängig davon, wie lange sie sich bereits im Ausland aufhalten, eine amerikanische Steuererklärung ausfüllen und unter Umständen weitere

Steuern an die USA zahlen. Ist der Steueransatz im Ausland beispielsweise 18 Prozent und in den USA 25 Prozent, so muss diese Differenz an die amerikanische Steuerbehörde überwiesen werden (worldwide tax credit).

Leute mit doppelter Staatsangehörigkeit, die eventuell nie in den USA gelebt haben, sind auch in den USA steuerpflichtig. Ein Schweizerisch-Amerikanischer Doppelbürger sagte mir einmal: „Kein anderes Land behandelt ihre Landsleute im Ausland so schlecht, wie die USA es tun." Um diese unerfreuliche Lage zu verändern, unternehmen Amerikaner im Ausland entsprechende Schritte zu ihren Gunsten – sie verzichten auf die amerikanische Staatsangehörigkeit. Die amerikanische Botschaft in Bern hat eine lange Liste solcher Anträge.

Die USA sind das einzige Land, das seine Staatsangehörigen weltweit besteuert. Die amerikanischen Steuereinnahmen stammen von den steuerpflichtigen Einwohnern (Amerikaner und Ausländer) und ihren Staatsangehörigen im Ausland, sofern dort die Steuern günstiger sind. Alle anderen Länder besteuern nur ihre Einwohner. Staatsangehörige, die ihr Land verlassen, sind in ihrem Heimatland nicht mehr steuerpflichtig. So können sie in einem anderen Land eine neue Existenz aufbauen, ohne von ihrem Heimatland noch immer besteuert zu werden.

Viele Ausländer mit Arbeits- und Aufenthaltsgenehmigung, so genannte Greencard-Besitzer, die schon seit Jahren in den USA gearbeitet und gelebt haben, denken aus diesem Grund nicht daran, sich einbürgern zu lassen. Würden sie eines Tages in ihr Heimatland zurückkehren, würden sie stets die amerikanische Steuerbehörde mit Einkommensdaten bedienen müssen.

Ein Steuersystem muss nicht kompliziert sein. Mit der Flatrate-Tax nach Hall/Rabuschka[13] kann dies erreicht werden. Alle persönlichen Einkommen wie Lohn, Pension, Einkommen aus Vermögen werden zu-

---

[13] Ökonomen an der Hoover Institution, Stanford University, Stanford, Kalifornien.

sammengezählt und entsprechend besteuert. Es gibt keine Abzüge und keine Ausnahmen. Osteuropäische Staaten und Russland haben das realisiert und die Chance beim Zusammenbruch der Planwirtschaft genutzt, um dieses einfache und klare Steuersystem zu übernehmen – offensichtlich mit zufriedenstellenden Ergebnissen, tiefen Administrativkosten und genügend Steuereinnahmen.

Unternehmenssteuern

Einige der grossen amerikanischen Konzerne haben es geschafft, eine Stellung zu erreichen, in der sie überhaupt keine Steuern zahlen.[14] General Electric, das grösste Unternehmen des Landes, lässt seine Gewinne im Ausland anfallen und zahlt seit Jahren überraschend wenig Steuern in den USA, wenngleich es profitabel und ein grosser Arbeitgeber ist.[15] Es ist offensichtlich, dass die Firma Lobbying im grossen Stil betreibt, um die eigenen Vorteile zu maximieren.

Es muss in den amerikanischen Steuergesetzen für Unternehmen einige Eigenheiten geben, die dem breiten Publikum wohl nicht bekannt sind. Wenn Gewinne von amerikanischen Firmen im Ausland erwirtschaftet wurden und das Geld, als flüssige Mittel, nicht in die USA „zurückkehrt", können sie in den USA nicht besteuert werden.[16] Das ist eine Einladung an international tätige Firmen, diese legale Steuerlücke auszunutzen, die Gewinne im Ausland zu stapeln und so ihre Steuerbelastung in den Vereinigten Staaten zu vermindern.

Eigenartiger können Vorschriften wohl nicht sein. Sie bilden den Anreiz, die Produktion nach Europa oder in den Fernen Osten zu ver-

---

[14] Zaid Jilani, "Between 2008 And 2010, 30 Big Corporations Spent More Lobbying Washington Than They Paid In Income Taxes" [Zwischen 2008 und 2010 haben die 30 grössten Firmen mehr Geld für Lobbyarbeit in Washington ausgegeben als sie Steuern gezahlt haben], *ThinkProgress Economy*, 7. Dezember 2011, (mit Liste dieser Gesellschaften).
[15] David Kocieniewski, "But Nobody Pays That" [Keiner zahlt das], *The New York Times*, 25. März 2011, und Jeff Gerth, "The truth about GE's tax bills" [Die Wahrheit über die Steuerrechnung von General Electric], *The Washington Post*, 5. April 2011.
[16] Henkel, Christiane H., "US-Konzerne horten Geld", *Neue Zürcher Zeitung*, 11. Oktober 2011.

legen und schaffen dort Arbeitsplätze. Auslandsvertretungen der amerikanischen Firmen schiessen wie Pilze aus dem Boden – hauptsächlich in Irland, in Grossbritannien, den Niederlanden, in Luxemburg, in der Schweiz und in Singapur. Die Argumente der Verteidiger dieser Steuerpolitik sind seltsam entrückt; sie unterstützen die Arbeitsplatzbeschaffung ausserhalb der USA, was sich schädlich für die amerikanische Wirtschaft und somit gegen die Interessen der amerikanischen Bevölkerung richtet. Der neueste, noch weitergehende Schritt ist, dass amerikanische Firmen eine ausländische Firma kaufen und ihren Gesellschaftssitz dorthin verlegen um amerikanische Steuern zu umgehen. Das wird „Inversion" genannt.[17]

Aus meiner Sicht sind die Steuergesetze zugunsten der grossen amerikanischen Firmen und zu Lasten der kleinen und mittelgrossen Unternehmen und der amerikanischen Bürger ausgestaltet. Unternehmungen mit Ablegern in der ganzen Welt werden nur für ihre Inlandgewinne besteuert. Ein amerikanischer Staatsangehöriger, der im Ausland lebt, wird für sein weltweites Einkommen besteuert. Wieso dieser Unterschied im Grundsatz? Besteht er wegen des starken und einflussreichen Lobbyierens in Washington, das sich nur die grossen Firmen leisten können? Ist es wahr, dass Steuerbeamte aller Stufen als Steuerexperten in den Firmen angestellt oder als Lobbyisten abgeworben werden, da sie genau wissen, wie Steuerschlupflöcher gefunden werden können?

Dreissig grosse amerikanische Firmen haben zwischen 2008 und 2010 mehr Geld für Lobbying ausgegeben als für Steuern.[18] Das ist eine interessante Tatsache. Sind diese Firmen loyal zu ihrem Land? Lobbyiert eigentlich auch jemand für den normalen Bürger, den kleinen Mann?

---

[17] Allan Sloan, "Positively un-American Tax Dodges" [Sehr unamerikanische Steuerkniffe], *Fortune*, 7. Juli 2014
[18] Zaid Jilani, "Between 2008 And 2010, 30 Big Corporations Spent More Lobbying Washington Than They Paid In Income Taxes", *ThinkProgress Economy*, 7. Dezember 2011, (mit Liste dieser Gesellschaften).

Das Land der unbegrenzten Möglichkeiten

Das Land der unbegrenzten Möglichkeiten ist inzwischen so berüchtigt, dass die Europäer sich fragen, ob das, was man hört, wirklich die heutige Realität ist. Der Erfolg von Bill Gates, der ein Vermögen von 58'000 Millionen Dollar hat, oder von Arnold Schwarzenegger, der einmal ein Jahreseinkommen von 57 Millionen Dollar hatte, oder Michael Jackson, der in einem Herrenhaus mit 100 Zimmer wohnte, das alles kann nur in Amerika vorkommen. Und, 20 Prozent der Kinder dieses grossartigen Landes gehen hungrig zu Bett.[19] Das Ziel der grössten Firma der USA, General Electric, ist darauf ausgerichtet, jegliche Steuerzahlungen zu vermeiden. Dieses Unternehmen kommt deswegen immer wieder in die Schlagzeilen der Presse.[20] Es ist sicher die Aufgabe einer Firma, ihre Steuern tief zu halten, aber eine Steuerzahlungs-Vermeidungs-Politik zu verfolgen ist in meinen Augen unmoralisch.

Es ist auch bekannt, dass der Schulbezirk in der Wohngemeinde von Charles B. Rangel, dem vormaligen Vorsitzenden des Steuerausschusses des Repräsentantenhauses, die ungeheuer hohe Spende von 30 Millionen Dollar von General Electric erhalten haben, die, so versicherte der Abgeordnete, gar nichts mit seiner Rolle als Befürworter von Steuerermässigung zu tun hat.[21] Wer das glaubt, zahlt einen Taler.

Spenden wie diese, die wenige Tage nach einer für den Spender wohlwollenden Steuerentscheidung getätigt wurde, machen hellhörig. Heisst das, dass ein Unternehmen frei entscheiden kann, wohin die Steuergelder fliessen und wer davon profitiert? Das ist ausserhalb von jedem demokratischen Prozess und ebenfalls sehr unethisch. Es gibt

---

[19] Thomas C. Froehlich, "States where the most children go hungry" [Bundesstaaten wo Kinder hungrig sind], *USA Today,* 27. April 2014
[20] Robert Farley, "Warren: GE Pays No Taxes" [(Senatorin Elisabet) Warren: GE zahlt keine Steuern], *FactCheck.org,* 24. April 2012
[21] David Kocieniewski, "But Nobody Pays That" [Keiner zahlt das], *The New York Times,* 25. März 2011.

eigentlich nur ein Wort dafür: Korruption. Ein verantwortungsvoller und ethischer Führungsstil gilt in der heutigen Geschäftswelt als Richtmass. Soziale Verantwortung soll von Einzelpersonen wie von Unternehmen respektiert werden.

Seit 2005 sind die Gehälter und Entschädigungen der Unternehmensleiter und wichtigen Angestellten von grossen Firmen wegen neuen Regeln der Börsenkotierung bekannt. Die Welt traute ihren Augen nicht, angesichts der veröffentlichten Zahlen. Erst durch den Beinahe-Zusammenbruch des Finanzsystems im Jahre 2007 und die grossen Werteinbussen, die Investoren und Aktienbesitzer – und letztlich die Öffentlichkeit - erleiden mussten, wurden diese hohen Vergütungen an der Spitze der Firmen in Frage gestellt.

Es ist erstaunlich zu hören, dass das durchschnittliche Pro-Kopf-Einkommen der Angestellten der Bank Goldman Sachs im Jahre 2009 rund 498'000 Dollar betrug.[22] Darin sind viele gewöhnliche Einkommen von bescheiden bezahlten Angestellten eingeschlossen. Der Betrag stellt den Durchschnitt zwischen den 20-Millionen-Gehälter der Konzernspitze und den tiefsten Entschädigungen von 20.45 Dollar Stundenlohn eines Stagiaires dar.[23] Haben die Leute an der Unternehmensspitze so viel mehr gearbeitet und zum Erfolg beigetragen, um 20 Millionen zu verdienen?

Das neueste Beispiel von Unternehmensplünderung ist der Goldene Fallschirm. Der erfolglose Unternehmensleiter von Hewlett-Packard (Leo Apotheker) erhielt im September 2011 nach einem Jahr im Amt eine Abgangsentschädigung von 13 Millionen Dollar.[24] Das ist absurd und skandalös und geht auf Kosten der Aktionäre und der Würde der

---

[22] "Goldman Sachs 2009 pay up as profit soars" [Die Gehälter 2009 bei Goldman Sachs steigen wie die Gewinne], NBCNEWS.com, 21. Januar 2010 (http://www.msnbc.msn.com/id/34972351/ns/business-us_business/t/goldman-sachs-pay-profit-soars/).
[23] http://www.glassdoor.com/Salary/Goldman-Sachs-Salaries-E2800_P6.htm
[24] James B. Stewart, "Rewarding CEO's Who Fail" [Entschädigung für Firmenchefs, die versagt haben], The New York Times, 30. September 2011.

Angestellten. Die Presse referiert auf solche Vorkommnisse als direkte Konsequenzen aus Altherren-Netzwerken, deren Mitglieder sich gegenseitig Vorteile zuschanzen, ungeachtet ihrer tatsächlichen Qualifikationen. Offensichtlich haben derartige Eskapaden einen festen Platz in den Wertvorstellungen in den USA.

Für die allermeisten Amerikaner ist die Summe von einer Million Dollar in einem Jahr unerreichbar. Goldene Fallschirme sind das Resultat von Arbeitsvertragsverhandlungen zwischen Anwälten; wenn jemand eine derartige Zahlung für seinen Misserfolg erhält, müsste dies bei der gewöhnlichen Bevölkerung Empörung auslösen. Dieser Vorfall erhielt durchaus ein Presseecho, aber ich habe keine Empörung wahrgenommen.

Die Absicht, Steuern zu minimieren, Anreize für gute Mitarbeiter zu schaffen oder die Zukunft einer Unternehmung zu sichern, scheint berechtigt zu sein. Was mir aber auffällt, ist die Kühnheit, mit der diese Einzelinteressen verfolgt werden bis dorthin, wo sie destruktiv werden. Die oben genannten Beispiele sind für mich eigennützige Taten. Es gibt keine Gegenbewegungen, um die Interessen des Durchschnittsamerikaners zu vertreten.

Es gibt auch in der Schweiz Beispiele von finanziellen Übervergütungen (Novartis, Roche, UBS, Credit Suisse und andere). Sobald jedoch die Beträge veröffentlicht waren, zeigten sich die Öffentlichkeit und die Presse empört und die Aktionäre protestierten umgehend. 2013 ist die Abzocker-Initiative[25] an einer Volksabstimmung angenommen worden. Jede börsenkotierte Aktiengesellschaft hat ein Reglement der Managerentschädigungen zu bewilligen und beschränkt Zahlungen an Unternehmensleiter auf Saläre. Zusätzliche Vergütungen vor Stellenantritt oder Abgangsentschädigungen werden für Verwaltungsratsmitglieder verboten.

---

[25] Eidgenössische Volksinitiative „gegen die Abzockerei", auch „Minder-Initiative" genannt. Abstimmung vom 3. März 2013.

3. Das amerikanische Rentensystem - Sind die USA ein Sozialstaat?

Der Wohlfahrtsstaat und seine Finanzierung stehen in den USA im Zentrum der gegenwärtigen politischen Diskussion. Heute ist das Land gespalten bezüglich der Frage, ob die Bundesregierung weitere Vorschriften im Bereich der Sozialversicherungen erlassen soll oder nicht. Die Definition des Wohlfahrtsstaates besagt, dass soziale Sicherheit und Gerechtigkeit durch die Regierung angestrebt werden. Gesetzgebung und soziale Einrichtungen sind derart zu gestalten, dass soziale Gleichheit innerhalb der Gesellschaft verwirklicht wird oder wenigstens Mindeststandards erreicht werden. Der Wohlfahrtsstaat „basiert auf dem Grundsatz der Chancengleichheit, der ausgeglichenen Verteilung des Reichtums und der allgemeinen Verantwortung für diejenigen, die nicht fähig sind, selber den Mindestgrad eines guten Lebens zu erreichen."[26] Das Konzept des Wohlfahrtsstaates sagt, dass „durch die Allgemeinheit eine Grundausbildung, Gesundheitsdienstleistungen und das Wohnen" bereitgestellt werden.[27] Tatsächlich ist der Wohlfahrtsstaat die Leitidee für die westlichen Staaten, welche Europa, Kanada, Australien und Neuseeland umfassen.

Die Vereinigten Staaten haben eine lange Tradition von Wohlfahrtsprogrammen, die in den ersten Tagen der neuen Republik in 1776 begannen. Zahlungen an Arme, an Veteranen des Bürgerkrieges und an jene „die zum Arbeiten unfähig sind wegen des Alters oder der

---

[26] "Welfare State" [Der Wohlfahrtsstaat], *Encyclopedia Britannica*, (www.britannica.com/EBchecked/topic/639266/welfare-state).
[27] ebd.

körperlichen Gesundheit" [28] waren üblich. Versuche, die Gesetze zu verbessern und den Armen und Arbeitslosen durch Arbeitsvermittlung zu helfen, haben eine ebenso lange Geschichte wie der Kampf gegen den Missbrauch des ganzen Systems.

Die Probleme der Grossen Depression der 1930er Jahre veranlassten die Bundesregierung, ihren Bürgern dabei zu helfen, einen Ausweg aus der Krise zu finden. Ein Beispiel für diesen Ansatz ist der so genannte „New Deal"[29] mit grossen öffentlichen Investitionen des Bundes in Autobahnen, Brücken, Flughäfen und Dämmen.[30]

Mit der Unterzeichnung des „Social Security Act" (Gesetz über die staatliche Altersversorgung) 1935 durch Präsident F. D. Roosevelt wurde die amerikanische Version des Wohlfahrtsstaates geboren. 1996 unterzeichnete Präsident Clinton den „Personal Responsibility and Work Opportunity Reconciliation Act",[31] welche die Sozialhilfe teilweise auf die 50 Teilstaaten übertrug. Die Sozialgesetzgebung ist heute eine grosse Angelegenheit und die Verwaltung musste dezentralisiert werden.

Das Alter – der dreibeinige Hocker oder die drei Säulen

Die Idee eines Pensionsplanes ist es, früh mit Geld sparen anfangen und es für viele Jahre weiterführen um im Zeitpunkt der Pensionierung über genügend Guthaben zu verfügen. Das Geld wird vom Monatslohn eines Angestellten abgezogen und einem persönlichen Rentenkonto gutgeschrieben. Es kann grundsätzlich bis zum Zeitpunkt der Pensionierung, von wenigen Ausnahmen abgesehen, nicht angetastet wer-

---

[28] "The History of Welfare" [Die Geschichte der Wohlfahrt], *Welfare Information*, (www.welfareinfo.org/, ohne Datum).
[29] Präsident Franklin D. Roosevelts Ankurbelungsprogramm 1933 - 1939
[30] "US Welfare System—Help for US Citizens" [Das amerikanische Wohlfahrtssystem – Hilfe für amerikanische Bürger], *Welfare Information*, (www.welfareinfo.org/, ohne Datum).
[31] (Gesetz zur persönlichen Verantwortung und Wiederherstellung der Arbeitsgelegenheit)

den. Das Rentenguthaben wird in Form einer Annuität ab dem Pensionierungsalter ausbezahlt.

Der Ansatz für das Pensionssystem ist in den USA und der Schweiz sehr ähnlich: eine staatliche Rente, die Leistungen der Pensionskasse des Arbeitgebers und private Ersparnisse sollen den Lebensabend finanzieren. In den Vereinigten Staaten spricht man vom dreibeinigen Hocker („three-legged stool"), in der Schweiz ist das Pensionssystem auf dem „Drei-Säulen-Prinzip" aufgebaut. Der staatliche Pensionsfonds AHV[32] (Erste Säule) wird ergänzt durch die obligatorische Pensionskasse des Arbeitgebers (Zweite Säule) und schliesslich durch private Ersparnisse aller Art (Sparguthaben, Lebensversicherungen, Liegenschaftsbesitz u.a.) als Dritte Säule.

Die Schweiz ist das einzige Land in Europa, das diesen Ansatz kennt und konsequent durchsetzt. Die Einführung dieses Systems in der Schweiz begann im Jahr 1948 mit dem Start der AHV; diese wurde 1985 durch das Berufliche Vorsorge Gesetz BVG[33] ergänzt und vervollständigt. Früher, im Jahr 1972, wurde das „Drei-Säulen-Prinzip" durch Abstimmung in die Schweizer Verfassung aufgenommen.

Das erstes Stuhlbein: Die Social Security in den USA

Die Social Security ist eine gesetzliche Renten- und Invalidenversicherung, die im amerikanischen Bewusstsein fest verankert ist und für einen erstaunlich hohen Teil der Bevölkerung die einzige Einkommensquelle darstellt, wenn sie das Pensionsalter erreichen.[34]

---

[32] AHV: Alters- und Hinterlassenenversicherung
[33] Berufliche Vorsorge Gesetz (BVG) resp. Bundesgesetz über die berufliche Alters-, Hinterlassenen- und Invalidenvorsorge vom 25. Juni 1982
[34] Center on Budget and Policy Priorities, *"Policy Basics: Top Ten Facts About Social Security,"* [Grundlage Politik: Die 10 wichtigsten Fakten zur Social Security] 6. November 2012

Übersicht: Altersvorsorge in den USA und der Schweiz

	Träger	USA	Schweiz
Erstes Stuhlbein = 1. Säule	Staatliche Pension	Social Security	Alters- und Hinterlassenen-Versicherung (AHV)
Zweites Stuhlbein = 2. Säule	Pensionskasse des Arbeitgebers	Freiwillig/ Individuelle Pensionspläne "401(k)"	Obligatorische Pensionskasse (BVG)
Drittes Stuhlbein = 3. Säule	Private Ersparnisse	Ersparnisse, Lebensversicherungen, Liegenschaftenbesitz, Mietobjekte, Kunstsammlungen und andere.	Ersparnisse, Lebensversicherungen, Liegenschaftenbesitz, Mietobjekte, Kunstsammlungen und andere.
		"IRA, Individual Retirement Account" für steuerbefreites Sparen aus Einkommen	"Säule 3a" für steuerbefreites Sparen aus Einkommen

Werner Neff, 2013

Die Social Security begann 1935. Die Bundesregierung übernahm zu jener Zeit Verantwortung für die soziale Wohlfahrt der Amerikaner. 1939 wurde der Ansatz für Hinterbliebene (Ehepartner, Kinder) ausgeweitet und 1975 aufgrund der Inflation angepasst.[35] Später wurde das Pensionierungsalter zeitlich abgestuft von 65 auf 67 Altersjahre erhöht.

---

[35] Social Security (the federal "Old-Age, Survivors, and Disability Insurance" (OASDI) program) [Alters, Hinterbliebenen- und Invalidenversicherung], 1975 Amendments, (http://www.socialsecurity.gov/policy/docs/ssb/v67n3/v67n3p73.html).

Erste Säule: Die schweizerische Alters- und Hinterlassenenversicherung

Schweizer Bürger und alle andern Einwohner beginnen ihr Konto bei der Eidgenössischen Alters- und Hinterlassenenversicherung zu füllen, ab dem 17. Lebensjahr, wenn jemand arbeitet, und ab dem 20. Lebensjahr, wenn jemand nicht arbeitet. Die Einzahler erhalten eine Rente, für Frauen ab 64, für Männer ab 65, je nach angespartem Guthaben. Für den ausbezahlten Betrag gibt es eine minimale und eine maximale Höhe.

Die entsprechenden Gesetze wurden inzwischen zehn Mal verändert oder verbessert. Im Durchschnitt wurde alle sechs Jahre ein Zusatz oder eine Veränderung gemacht.

Im Vergleich mit anderen Ländern handelt es sich hier offenbar um eine fortschrittliche Gesetzgebung, die hier in den USA sehr oft in der Presse zitiert wird. Neue Lebensumstände wurden eingeschlossen: alleinerziehende Elternteile, Patchworkfamilien, Anstieg der Frauenarbeit und die Berücksichtigung der Kindererziehung für die Berechnung der Jahresrente.

Das Zweite Stuhlbein: Die Betriebsrente in den USA und einige Probleme

Grosse Firmen und die öffentliche Hand bieten Pensionspläne an. Verblüfft nahm ich Beispiele aus dem öffentlichen Sektor zur Kenntnis, bei denen die Pensionen höher sind als die vormaligen Lohnzahlungen. Polizisten und Feuerwehrleute wie auch Schulvorstände und Lehrer haben durch Gewerkschaftsmacht und Verhandlungen grosszügige Abmachungen mit der öffentlichen Hand aushandeln können. Ihre Renten werden aus den laufenden Rechnungen von Gemeinden und Staaten bezahlt statt aus ausgegliederten Pensionskassenguthaben – im Grunde eine ganz falsche Konzeption.

Diese Verpflichtungen tragen heute zu den grossen Defiziten in Gemeinden und Bundesstaaten bei, zum Beispiel in den Staaten Kalifornien und Illinois.[36] Als die Stadt Detroit 2013 Konkurs anmelden musste, wurden diese Rentenverpflichtungen in einem Entwurf des Konkursverwalters gestrichen, was für Tausende von städtischen Angestellten den Verlust der Betriebsrente bedeuten würde.[37] Zurzeit wird um eine teilweise Erhaltung dieser Guthaben gerichtlich gekämpft.

Eine andere Form der Pensionszahlung im öffentlichen Dienst ist die Auszahlung einer Abfindung zum Zeitpunkt der Pensionierung. Derartige Zahlungen sind heute sehr selten, da Gemeinden und Bundesstaaten mit Budgetdefiziten kämpfen. Der Staat Kalifornien hat Rentenverpflichtungen in der Höhe von 454 Milliarden Dollar, von denen 59 Milliarden nicht gedeckt sind.[38] Kritisch ist die Lage auch in den Staaten Illinois und New Jersey.

Es gibt auch Beispiele von trügerischer oder nicht korrekter Bildung von Pensionsguthaben. Kürzlich hatte ich ein Gespräch mit einer Flugbegleiterin, die in meiner Gemeinde wohnt. Ihre Firma hatte in den neunziger Jahren Gelder für Pensionszahlungen ausgeschieden. Verschiedene Angestelltengruppen wie Mechaniker, Flugbegleiter oder Gepäcksortierer waren als Begünstigte genannt. Leider musste sich das Unternehmen einem Konkursverfahren stellen (Kapitel 11-Verfahren des amerikanischen Konkursgesetzes) und diese Guthaben der Mitarbeiter wurden zur Verbesserung der Bilanz verwendet. Die Gelder waren nicht auf offizielle Pensionskonten der Mitarbeiter über-

---

[36] Rishawn Biddle, "Teacher Pension Bombs" [Rentenbombe der Lehrer], *The American Spectator*, 12. November 2010.
[37] Alan Pyke, "Judge Greenlights Detroit Bankruptcy, All But Guaranteeing Pension Cuts" [Richter gibt grünes Licht für den Bankrott von Detroit, Alle Garantien gestrichen ausser Pensionsansprüche], *Think Progress*, 3. Dezember 2013
[38] Andy Kim, Heather Kerrigan, "Pension Preparedness, When it comes to retirement systems, levels of funding and liability are all over the map" [Pensionsvorbereitung, Die verschiedenen Pensionssysteme zeigen Unterschiede über Finanzierung und Verpflichtungen im ganzen Land], *Governing the States and Localities*, August 2010

tragen worden. Was jahrelang als künftiges Einkommen angesehen worden war, hatte sich mit einem Mal aufgelöst. Pensionsguthaben gehören dem Versicherten. Sie müssen deshalb von der Bilanz der Firma oder der Behörde separiert werden.

Zweite Säule: Die Betriebsrenten in der Schweiz

Mit dem Erreichen des 25. Altersjahres wird jede Person, die in der Schweiz arbeitet, in das obligatorische Pensionskassensystem einbezogen. Die Angestellten werden Teilnehmer der entsprechenden Pensionskassen der Firmen (Novartis-Pensionskasse, Pensionskasse der Credit-Suisse-Gruppe, Nestlé-Pensionskasse usw.) oder der öffentlichen Hand (Vorsorgeeinrichtung des Bundes resp. der Kantone). Sie müssen während 40 Jahren jeden Monat ihren Beitrag an die Kasse leisten. Jedes Unternehmen, ob gross oder klein, muss eine Pensionskasse einrichten und diese selber führen oder sich einer externen Pensionskasse anschliessen (bei Versicherungen, Banken oder Kassen der zugehörigen Berufsgruppe wie beispielsweise Schreiner, Metzger oder Autogewerbe).

Für jeden Teilnehmer wird ein persönliches Konto geführt. Die Beiträge der Angestellten werden von der Arbeitgeberseite verdoppelt (50:50-Verhältnis). Das so angesparte Geld wird als Berechnungsgrundlage für die Rente verwendet. Jährliche Kontoauszüge zeigen das angesparte Kapital, die geleisteten Beitragszahlungen und die in der Zukunft zu erwartende Pension. Die meisten Pensionspläne sehen vor, dass 60 Prozent des zuletzt erhaltenen Lohnes ausbezahlt werden.

Wenn jemand die Stelle wechselt, wird das Pensionskassenguthaben auf die Pensionskasse der neuen Firma transferiert. Wird jemand nicht wieder arbeiten, wird das Guthaben auf ein Sperrkonto (Freizügigkeitskonto) überwiesen, das bis zum Pensionierungsalter nicht angetastet werden darf. Im Falle einer Wiederaufnahme einer Arbeit wird das Guthaben der neuen Pensionskasse übertragen.

Die konsequente Durchsetzung der Zweiten Säule, die Betriebsrente, unterscheidet die Schweiz vom Rest Europas. Deutschland, Skandinavien und andere Länder setzen auf das staatliche Rentensystem. Ergänzende Betriebsrenten sind freiwillig oder das Privileg von Regierungsbeamten oder leitenden Kader- und Vorstandsmitgliedern.

Wenn die staatliche Rente die einzige Quelle der Pensionszahlungen ist, wird eine Änderung der Rentenberechnung grosse Teile der Bevölkerung treffen. Entscheide von Regierungen in Rentenangelegenheiten führten in der Vergangenheit zu politischer Unmut und Volksprotesten. Ein Vorsorgesystem mit nur einer Rentenquelle scheint mir unausgewogen.

**Drittes Stuhlbein und Dritte Säule:
Private Vermögensteile**

Privatpersonen in beiden Ländern sind dazu eingeladen, private Ersparnisse zu bilden. Es gibt hierzu eine breite Palette an Möglichkeiten, zum Beispiel Sparkonten, Versicherungspolicen, Liegenschaften (das eigene Haus oder Renditeobjekte) wie auch Kunstsammlungen oder Sammlungen von Antiquitäten, Schmuck, Briefmarken und anderes. Beide Länder bieten steuervergünstigte Sparmöglichkeiten („IRA-Konten" [Individual Retirement Account] in den USA oder die „Säule 3a" in der Schweiz).

Neuere Statistiken der Schweiz zeigen, dass Armut und Not unter älteren Leuten praktisch verschwunden sind.[39] Tatsache ist, dass nach Ablauf einer Generation alle Einwohner der Schweiz im System eingebunden sind und von den Leistungen des Drei-Säulen-Systems profitieren können. Ein sozialer und wirtschaftlicher Frieden wurde erreicht. Die Grundsätze der drei Säulen wurden strikte umgesetzt. Es mussten nur kleinere Anpassungen für neue Lebensumstände gemacht werden.

---

[39] Bundesamt für Sozialversicherungen, Faktenblatt Juni 2010, "1985 – 2010: 25 Jahre BVG", Bern 2010

Ich bin der schweizerischen Sozialgesetzgebung sehr dankbar und anerkenne, dass das Zwangssparen für die Pension mir heute ein gutes Leben erlaubt. Als junger Mann, während der Ausbildung, des Militärdienstes oder des Studiums mit nur kleinem Einkommen, wurde mir stets der Beitrag an die AHV abgezogen. Mit wenig Überzeugung sagte ich mir selber: „Das ist für mein Alter!" Nun, vierzig Jahre später geniesse ich meine AHV-Pension.

Genauso steht es mit der Betriebsrente (2. Säule). Sie wurde im Jahr 1985 obligatorisch, so dass ich nur gerade 24 Jahre einzahlen konnte. Heute erhalte ich eine Rente.

Altersmässige Vergünstigungen

In den Vereinigten Staaten werden Rentner ab Erreichen des 65. Altersjahres durch eine Vielzahl von Vergünstigungen in ihren Ausgaben entlastet. Zum Beispiel sind die Busfahrten im Aspental für Senioren gratis. Eisenbahn- und Flugkarten wie auch Arztrechnungen sind ab dem 65. Geburtstag günstiger.

Einige Ermässigungen werden bereits ab Alter 62 gewährt: Eine Seniorenkarte für lebenslange Eintritte in die Nationalparks kostet beispielsweise 10 Dollar. Und auch die Eintrittskarten für Konzerte des New York Philharmonic Orchestra sind für Senioren erstaunlich billig (15 Dollar statt 50 Dollar).

4. Das amerikanische Gesundheitswesen und Bemerkungen zum Verhältnis Staat - Bürger

Krankenversicherung — Medicare/Medicaid

1965 wurde unter Präsident Johnson das amerikanische Gesetzeswerk für Medicare/Medicaid eingeführt. Beide Programme sind Krankenversicherungen für ärztliche Leistungen. Medicaid ist eine Krankenkasse und unterstützt Familien und Einzelpersonen mit niedrigem Einkommen. Medicare ist auf Leute ab Alter 65 und Invalide beschränkt. Sie kommt für 60 bis 85 % der Kosten auf, der Rest muss vom Patienten bezahlt werden, kann aber durch eine Zusatzversicherung abgedeckt werden. Medicare ist der Social Security (Erstes Stuhlbein) angehängt und wird durch die Lohnabgaben im Rahmen der Social Security finanziert. Da die Ausgaben höher als die Beiträge sind, zahlt das Finanzministerium – und damit der Steuerzahler – den Rest.

Die Leistungen wurden 1997 und 2003 erhöht, mit dem Ergebnis, dass Medicare, Medicaid und das Kinder-Krankenversicherungsprogramm (CHIP) den grössten Posten im gesamten Bundesbudget ausmachen, 2011 waren es mit 761 Milliarden Dollar 21 % des Budgets.[40] Rund 48 Millionen Einwohner erhielten 2011 eine teilweise Deckung ihrer Gesundheitskosten durch Medicare. Die Budgetbelastung allein dafür machte 486 Milliarden Dollar aus.[41] Höhere Kosten der medizinischen Leistungen, eine erhöhte Zahl Berechtigter aus den Jahren des

---

[40] "Policy Basics: Where Do Our Federal Tax Dollars Go?" [Politik-Grundlagen: Wohin gehen unsere Bundessteuer-Dollars?], *Center for Budget and Policy Priorities*, (http://www.cbpp.org/cms/index.cfm?fa=view&id=1258).
[41] ebd.

Babybooms und die insgesamt höhere Lebenserwartung sind die Gründe für die hohe Budgetbelastung. Hier zeigt sich ein negativer Trend für ein stets höheres Defizit der Bundesregierung.

„Obamacare" von 2010

Präsident Obama hat sein Wahlversprechen mit der Einführung der obligatorischen Krankenversicherung (The Patient Protection and Affordable Care Act, oft „Obamacare" genannt) im zweiten Jahr seiner Amtszeit eingelöst. Beide Häuser des Kongresses, das Repräsentantenhaus und der Senat (2008 – 2010 von den Demokraten beherrschten), haben dem Plan zugestimmt. Nun besteht seit dem 1. Januar 2014 eine allgemeine Krankenversicherungspflicht. Ungefähr 30 Millionen Amerikaner müssten durch dieses Gesetz neu in den Genuss der Krankenkassendeckung kommen oder sie zahlen eine Strafe.

Die Einführung der neuen Krankenkassenpolicen sollten durch Computer-gestützte Marktplattformen den Betroffenen Auswahlmöglichkeiten geben. Die Programmierung der Marktplattformen der Bundesregierung war ein Desaster. Die kostbare Zeit für die Neuanmeldung musste für Korrekturen und Flickarbeit benützt werden, was die im ganzen Land vorherrschende Ablehnung einer obligatorischen Krankenkasse vermutlich verstärkte. Einige Anmeldefristen mussten wegen dieser Probleme verlängert werden. In 24 der 50 Bundesstaaten gab es eigene Marktplattformen, die viel besser funktionierten.

Noch immer sind viele Betroffene nur ungenügend über die Neuerungen von „Obamacare" vertraut. In persönlichen Beratungen wurde in mühevoller Arbeit die Anmeldungen eingegeben und die gewünschten Lösungen erreicht. Im Land der allgegenwärtigen Reklamesprüche habe ich keine einzige Anzeige zugunsten von „Obamacare" gesehen. Ob „Obamacare", welche auf 2000 Seiten beschrieben ist, eine gute und praktikable Lösung darstellt, kann ich nicht beurteilen, sie scheint reichlich kompliziert zu sein. Die Grundidee, eine allgemeine Krankenkasse zum Nutzen aller Amerikaner einzuführen, ist nicht übertrieben.

Die amerikanische Verfassung ist sehr strikt beim Schutz des Bürgers vor der eigenen Regierung. Vorschriften der Bundesregierung werden mit grösstem Argwohn aufgenommen und mit äusserster Skepsis behandelt. Die Einführung von „Obamacare" machte da keine Ausnahme.

Eine obligatorische Krankenversicherung für alle Einwohner ist umstritten. Sie wird von den Amerikanern im Grundsatz abgelehnt. Die Regeln der „Obamacare" wurden 2012 durch das Oberste Gericht als verfassungskonform beurteilt.

Angestellte von grossen Firmen und der Bundes- und der Landesbehörden scheinen durch bestehende Krankenversicherungen und Pensionskassen gut versorgt zu sein. Interessant ist, dass die neue Versicherungspflicht nur etwa 15% der Bevölkerung trifft. Etwas mehr als 80% der Einwohner sind krankenversichert und kennen ihre Vorteile. Die Ablehnung findet aber trotzdem eine Mehrheit. Die Erweiterung der Krankenkassendeckung für alle wurde zum politischen Spielball.

Am Frühstückstisch einer Pension habe ich 2009 von anderen Gästen die Geschichte gehört, dass Kleinfirmen die Prämien für die Krankenkasse in bar auszahlen, dass jedoch die Angestellten keine Absicht zeigten, eine Krankenversicherung abzuschliessen. Wenn die Prämienbeträge direkt an die Arbeitnehmer ausbezahlt werden, wird das schlechte Gewissen der Arbeitgeber beruhigt. Sie wissen, dass es besser ist, wenn ihre Angestellten Deckung haben. Der gewünschte Effekt verpufft aber vollkommen, wenn die Prämienbeträge in die Taschen der Angestellten wandern und niemals der Versicherung zugeführt werden. Nur eine Regierungsvorschrift kann diese Lücke schliessen, indem sie den Abschluss der Versicherung obligatorisch macht. Seit Januar 2014 sind derartige „Privatlösungen" wie oben beschriebene nicht mehr möglich.

Um Himmels Willen! Wo bin ich gelandet?
Diskussion der Präsidentschaftskandidaten der Republikanischen Partei am 12. September 2011 auf CNN: Lasst Unversicherte sterben.

Während der Fernsehdiskussion der Präsidentschaftskandidaten der Republikanischen Partei von 2012 fragte der Moderator Wolf Blitzer den Abgeordneten Ron Paul aus Texas, was denn nach seiner Meinung geschehen soll, wenn ein dreissigjähriger Mann, der keine Krankenversicherung habe, auf einmal eine medizinische Behandlung von sechs Monaten benötige.

Paul sagte: „Also das ist es, was die Freiheit ausmacht – sein eigenes Risiko eingehen. Das ist die ganze Idee."

Blitzer fragte: „Sie sagen ... Sie lassen ihn sterben?"

„Nein", sagt Paul.

Laute Rufe von „Ja" kommen aus dem Publikum, begleitet von begeistertem Applaus.

Paul fährt fort: „Die Kirchen haben sich der Armen angenommen."

Wenn man der Logik von Medicare folgt, die besagt, dass ab dem Alter von 65 die medizinischen Behandlungskosten mehrheitlich gedeckt sind, entsteht der Eindruck, dass die amerikanische Bevölkerung bis zu diesem Alter gesund ist und keinen Bedarf an einer Deckung im Krankheitsfalle hat. Das Gesetz von Präsident Johnson von 1965 war durchaus ein guter Anfang für den Aufbau der Gesundheitsvorsorge, es hat aber die Leute von Geburt bis zum Pensionierungsalter von 65 völlig ausser Acht gelassen. Die obligatorische Krankenvorsorge für alle war überfällig.

Teure Krankenversicherung

Vor meiner Abreise aus der Schweiz habe ich versucht, eine Kranken- und Unfallversicherung für die USA abzuschliessen. Ich hatte Angebote von internationalen Gesellschaften aus London, Genf und Schanghai. Die Prämien waren unverschämt hoch; sie waren ein Mehrfaches von dem, das ich bisher gewohnt war. Als ich mit diesen Gesellschaften telefonierte, erklärten sie mir, dass die extrem hohen Arzt- und Spitalrechnungen die unzumutbaren Prämien rechtfertigen würden. Als ich in den USA ankam und ich endlich eine Versicherung abschliessen wollte, war ich erneut von den hohen Prämien beeindruckt, die mir zwei lokale Krankenkassen nannten.

Das amerikanische Krankenkassensystem gilt als einzigartig in der Welt. Eine Studie ergab, dass es das teuerste System ist und die USA das einzige Land in der entwickelten Welt sind, das keine obligatorische Krankenversicherungsdeckung kennt.[42] Die Umfrage verglich Leistungen der Gesundheitsversorgung in Australien, in Neuseeland, im Vereinigten Königreich Grossbritannien, in Deutschland, in Kanada und in den Vereinigten Staaten. Eine andere Umfrage „fand bedeutende Unterschiede hinsichtlich des Zugangs, der Kostenbelastung und der Probleme mit der Krankenversicherung, die mit der Ausgestaltung der Versicherung zusammenhängen."[43] Die Bewohner der USA hatten mehr abgelehnte Versicherungszahlungen, mehr Auseinandersetzungen mit den Krankenkassen und grössere selbst zu übernehmende Kostenanteile als die Bewohner der anderen Länder.[44]

---

[42] "Mirror, Mirror on the Wall: An International Update on the Comparative Performance of American Health Care" [Spieglein, Spieglein an der Wand: Ein internationaler Nachtrag zum Leistungsvergleich der amerikanischen Gesundheitsversorgung], *The Commonwealth Fund*, 15. Mai 2007
[43] Schoen Cathy et al. "How Health Insurance Design Affects Access To Care And Costs, By Income, In Eleven Countries" [Wie der Krankenkassenplan den Zugang zur Behandlung und Kosten beeinflusst, nach Einkommen, in 11 Ländern], *Health Affairs*, 2010.
[44] "Mirror, Mirror on the Wall: An International Update on the Comparative Performance of American Health Care", *The Commonwealth Fund*, 15. Mai 2007.

Auf Robert Sherrills Liste der Gründe für die enormen Kosten[45] stehen hoch bezahlte Vorsitzende der Versicherungsgesellschaften, die Anwendung von teurer Medizin im Vergleich zu Generika mit derselben Wirkung, hohe Preise für einfache Dinge wie Aspirin oder Papiertaschentücher, sehr oft durchgeführte, teure Operationen, sehr hohe Löhne für spezialisierte Ärzte, extrem hohe Versicherungsprämien für Kunstfehlerversicherungen und vieles mehr. Zudem erwarten die Aktionäre grosse Profite. In ihrer Kombination führen diese Tatsachen zu dem amerikanischen Phänomen und den ausserordentlich hohen Gesundheitskosten.[46]

Wie werden die Leistungen berechnet? Steven Brill[47] nennt interessante Einzelheiten. Die Tarifpreise der Leistungen (Chargemaster genannt) werden von den Spitälern und Ärzten in der Vermutung erstellt, dass ein reicher Prinz aus Saudi Arabien an der Eingangstür erscheint, um sich behandeln zu lassen. Die Preisansätze sind von Spital zu Spital ganz unterschiedlich und richten sich nach keiner Logik. Diese Tarife kennen keine Relation. Das extremste Beispiel im Artikel von Brill nennt eine Tagesbehandlung mit einem Rechnungstotal von 87'000 Dollar.

Die Chargemaster-Preise werden im Artikel mit den Vergütungen verglichen, die Medicare bezahlt. Die Preisunterschiede sind enorm, meist einen Bruchteil davon. Wer eine Krankenversicherungsdeckung hat, bezahlt für eine Arzt- oder Spitalbehandlung einen Preis, der mit der Versicherungsgesellschaft ausgehandelt wurde. Jede Arztrechnung, die ich erhalte, nennt mir einen Tarifpreis, der auf der nächsten Linie mit einem Rabatt mit dem Namen meiner Krankenkasse korrigiert wird.

---

[45] Robert Sherrill, "The Most Expensive Health Care System in the World" [Das teuerste Krankenversorgungssystem der Welt], *The Donella Meadows Archive, Voice of a Global Citizen*, Sustainability Institute, (Hartland, VT: ohne Datum).
[46] Christoph Eisenring, "Der Preis des American Way of Life, Das Gesundheitswesen der USA ist das teuerste auf der Welt", *Neue Zürcher Zeitung*, 24. Januar 2012.
[47] Steven Brill, „Bitter Pill, Why Medical Bills Are Killing Us" [Warum Arztrechnungen uns töten], Spezialreport „Bittere Pille" im Time Magazine, 4. März 2013, S. 24.

Eine Krankenkasse zu haben bietet also Gewähr, dass die Leistungen ausgehandelte Preise haben, die sich von den Ansätzen des freien Marktes deutlich unterscheiden. Meiner Meinung nach müssen die Tarife für Spitalbehandlungen, medizinische Leistungen, Medikamente und Laboratorien günstiger werden und das Niveau der Medicare-Ansätze erreichen.

Zugegeben, die Kosten im Gesundheitswesen steigen weltweit. Das Krankenkassensystem leidet vor allem daran, dass kein Teilnehmer am Prozess ein Interesse daran hat, die Leistungen billiger zu erbringen. Die Patienten verlangen die besten Ärzte und Spitäler, welche, umgekehrt, höhere Preise wegen ihrer Reputation verlangen. Die pharmazeutische Industrie bietet ihre teuren Forschungsergebnisse in Form von neuen Medikamenten an, und die Krankenversicherungen fungieren als Vermittler für ihre Leistungen.

Ein Arztbesuch in Manhattan, New York, bestätigte mir, wie schwerfällig die Abrechnung der Krankenversorgung geworden ist. In der Orthopädiepraxis habe ich ebenso viel administratives wie medizinisches Personal gesehen, sieben oder acht Leute auf jeder Seite. Meist muss die Krankenversicherung zuerst angefragt werden, ob die Behandlung des diagnostizierten Falls gedeckt ist. Zahlreiche Telefongespräche und eine Menge schriftlicher Unterlagen seitens der Arztpraxen sind notwendig, bevor eine zustimmende Antwort der Versicherung eintrifft.

All die oben aufgeführten Gründe erklären die exorbitanten Kosten für medizinische Leistungen und Spitalaufenthalte in den USA; allerdings müssen noch andere Faktoren einfliessen.

Probleme der Nicht-Versicherten und andere Eigenheiten

Bis Dezember 2013 gab es viele Einwohner der USA, die nicht versichert waren. Es wird zwei oder drei Jahre dauern, bis sich das Krankenkassenobligatorium mit seinen Vorteilen durchsetzt, das seit Januar 2014 in Kraft ist. Viele Amerikaner lehnen es ab, sich den Versicherungsschutz zu leisten, und andere sagen, dass sie diesen nicht bezahlen können. Tatsache ist, dass Patienten bei Ärzten und in Spitälern nicht abgewiesen werden dürfen. Jedermann benötigt irgendwann medizinische Betreuung oder eine Spitalbehandlung, auch die Nichtversicherten.

Wer sich als arm ausweisen kann, wird durch das System Medicaid aufgefangen. Leidtragende der bisherigen Preisstruktur sind die Nicht-Versicherten im Land. Im Spezialreport von Steven Brill werden Beispiele genannt, dass vor allem Patienten aus dem Mittelstand ohne Versicherungsdeckung die horrenden Behandlungskosten bezahlen müssen.[48] Wer eine teure Rechnung erhält, die er als Mittelklasse-Angehöriger vorerst nicht bezahlen kann, wird, um seinen Verpflichtungen nachzukommen, seine Ersparnisse aufbrauchen, sein Haus verkaufen oder sich verschulden, oder eben nicht bezahlen.[49] So ergibt sich eine Gruppe von Patienten, die schlussendlich die erhaltenen Leistungen nicht bezahlt.

Die wiederkehrenden Kommentare aus dem Freundeskreis lassen mich vermuten, dass der unbezahlte Teil der Leistungen auf die Rechnungen derjenigen geschlagen wird, die die Rechnungen bezahlen oder deren Rechnungen von ihrer Versicherung beglichen werden – ein weiterer Faktor für teure Arzt- und Spitalrechnungen.

Eine grosse Erleichterung der obligatorischen Krankenkasse wird sein, dass die Patienten ausgehandelte Preise zu zahlen haben. Krankenkassen und Versicherungen, Medicare eingeschlossen, handeln die Preise für Spitalaufenthalte und medizinische Leistungen aus. Wer über Krankenkassendeckung verfügt, bezahlt nicht mehr erfundene Tarife. Da alle Einwohner eine Krankenkassendeckung haben müssen, werden die günstigeren Ansätze Anwendung finden, die zudem von den Krankenkassen teilweise oder ganz übernommen werden müssen.

---
[48] Brill, Ebd.
[49] Brill, Ebd.

Das freie hohe Preisniveau muss sich mit ausgehandelten Preisen nach unten anpassen. Die geschilderte Armutsfalle wird so nicht mehr existieren.

Besuch in einer Apotheke

2012 musste eine amerikanische Freundin ein Medikament für die Schilddrüsenbehandlung kaufen. Der Apotheker verlangte von ihr 50 Dollar als Selbstbehalt (co-payment) für den Kauf des Medikaments im Wert von 61 Dollar. Sie konnte sich diesen Betrag einfach nicht leisten. Daraufhin bot der Apotheker ihr an, das Medikament ohne Krankenversicherungsdeckung zu kaufen und verlangte neun Dollar – genau dasselbe Medikament! Der Preis vervielfacht sich für eine versicherte Person im Verhältnis 1 zu 6. Wer wird diese fünf Sechstel erhalten? Ist es die Apotheke, die begünstigt wird, die pharmazeutische Industrie oder die Krankenversicherung? Dieses eigenartige Beispiel veranschaulicht, dass das ganze Abrechnungssystem faul ist und überrissene Kosten verursacht.

Die Gesetzesvorlage hat die Vorschläge der Medicare-Payment-Advisory-Kommission übernommen, das „Entschädigungssystem derart zu ändern, dass Ärzte und andere Leistungsträger für ihre Leistungsqualität bezahlt werden statt ... für die Anzahl der Handlungen, die sie ausführen."[50] Neue Lösungswege sind aufgegleist.

Als Anhang der Social Security (der staatlichen Rentenversicherung) werden die Beiträge für Medicare und Medicaid von allen Lohnempfängern bestritten. Medicare ist daher in der Bevölkerung sehr verankert. Ohne weitere Einnahmen werden Medicare/Medicaid bis im

---

[50] Mercer, Marsha and Barry, Patricia, "Saving Medicare" [Medicare retten], *AARP Bulletin*, Juli/August Nummer 2011. (AARP = American Association of Retired Persons, eine Vereinigung für Pensionierte)

Jahr 2026 die Mittel ausgehen.[51] Bis 2022 werden die Regierungsbeiträge abnehmen und die Selbstbehalte der Versicherten ansteigen. Es muss daher eine neue Lösung gefunden werden.

Mit Millionen mehr Versicherten und mehr Prämieneinnahmen sollten die individuellen Prämien für die Krankenversicherung sinken. Die so genannten guten Risiken, wie Junge und Gesunde, werden ihre Prämien einzahlen und im Bedarfsfall auf diese Mittel zurückgreifen. Das ist die Idee der Krankenversicherung: Junge und Gesunde bezahlen für die Alten und Kranken (Prinzip der Kostenteilung).

Oft bekomme ich Beschwerden bezüglich der obligatorischen Krankenversicherung zu hören, meist wegen der hohen Monatsprämien von einigen tausend Dollar. Diese Leute sind klar gegen „Obamacare" und empören sich über die obligatorische Versicherung, wenngleich eben diese eine Erleichterung bringen müsste.

Ich hörte Geschichten übers Skifahren in Europa von Leuten, die in einen Unfall verwickelt waren. Zuerst hatten sie befürchtet, eine gesalzene Rechnung im vierstelligen Bereich zu erhalten. Doch war mit einigen hundert Dollar schliesslich alles erledigt. Die Schlussfolgerung: Das System von gesetzlichen Vorschriften über Unfälle mit Rettungstransport und ärztlicher Betreuung schliesst die Nichtversicherten ein und verrechnet ihnen angemessene Kosten (Amerikaner sind im europäischen Versicherungssystem nicht eingeschlossen).

Obligatorische Krankenversicherung in der Schweiz

Die Obligatorische Krankenkasse wurde 1996 in der Schweiz Gesetz. Jeder Einwohner ist verpflichtet, eine Krankenversicherung abzuschliessen, entweder drei Monate nach der Geburt oder nach Wohnsitznahme. Neuzuzüger können ihre Stelle nicht ohne Vorlage eines Versicherungsausweises antreten. Man zahlt das ganze Leben lang ei-

---

[51] CBSNews/The Associated Press, "Trustees: Medicare fund will run out in 2026" [Treuhänder: Medicare werden die Mittel 2026 ausgehen], 31. Mai 2013

ne Monatsprämie und die Kosten im Fall von Krankheit, Mutterschaft oder Unfall sind in ganz Europa abgedeckt.

Die schweizerischen Krankenversicherungsprogramme werden von nicht gewinnorientierten Gesellschaften angeboten und vom Eidgenössischen Sozialversicherungsamt streng überwacht, das die Mindestdeckung vorschreibt. Die Wahl der Krankenkasse ist dem Individuum überlassen. Es gibt Varianten der Leistungen, die man auswählen kann und die den Selbstbehalt, die Behandlungsklasse (Privat, Halbprivat, Allgemein, was sehr ähnlich zu den amerikanischen Vorschriften ist mit Gold, Silber, Bronze) und den Gewinnanteil bei Nichtbenützung bestimmen. Es stehen abgestuft höhere und günstigere Tarife im Angebot.

Nach der Behandlung bei einem Arzt erhält der Patient eine Rechnung im Doppel. Die erste Seite ist die gewöhnliche Rechnung an den Patienten, die er innerhalb von 30 Tagen zu bezahlen hat. Rechtlich gesehen ist die Arztvisite ein Vertrag zwischen dem Arzt und dem Patienten. Der Patient muss dem Arzt den vollen Betrag vergüten, er hat jedoch das Recht, seine Auslagen bei der Krankenkasse ganz oder teilweise rückerstatten zu lassen, gemäss Deckungsgrad seines Vertrages.

Die Rechnungskopie enthält Codenummern der erhaltenen ärztlichen Leistungen nach Kategorien. Die Bezahlung der Arztrechnung sollte das Budget des Patienten nicht langfristig belasten, da die Bearbeitungszeiten für die Kostenrückerstattungen kurz sind.

Das schweizerische Krankenkassenobligatorium hat mich gut begleitet. Drei Wochen nach meiner Geburt haben mich meine Eltern freiwillig bei einer Krankenkasse angemeldet. Während meines ganzen Lebens waren meine Kosten für Arztbehandlungen, Spitalaufenthalte und Medikamente versichert. Vermutlich habe ich wohl mehr in das System einbezahlt als daraus erhalten. Das stört mich jedoch nicht, da die Versicherung im Falle einer Krankheit oder eines Notfalles die Kosten gedeckt hätte. Da ich nun älter werde, werden die Auslagen für die Gesundheit ansteigen und die notwendigen Behandlungen werden vermutlich teurer werden. Stolz wird darauf verwiesen, dass man sich um die eigenen Leute von der Geburt bis zum Tod kümmert ohne ein Budgetdefizit zu haben.

Die Sozialgesetzgebung wurde in Europa während Jahrzehnten aufgebaut; es begann im Kleinen und wurde laufend weiter entwickelt. In der Schweiz hat dieser Prozess rund 80 Jahre gedauert (1920 – 2000). Heute wird das System der Schweiz von Paul Krugmann vorbildlich genannt,[52] das Schritt für Schritt aufgebaut wurde. Die Vereinigten Staaten befinden sich im Vergleich dazu in einer Übergangsphase, nur auf halbem Weg zum Ziel. „Jedes reiche Land, ausser den USA, garantiert seinen Einwohnern umfassende Behandlung."[53]

Freiheit und Sozialeinrichtungen in den USA – Misstrauen gegenüber Regierung und Kongress

Freiheit wurde in der Unabhängigkeitserklärung von 1776 und in der Verfassung von 1787 festgeschrieben und ist inzwischen sehr erfolgreich angewendet worden. Sie ist eine der grössten Errungenschaften der Menschheit überhaupt. Zu Recht sind die Amerikaner stolz auf die Freiheiten, die sie geniessen: in einem Land leben zu können mit freier Rede, freier Presse und Vereinsfreiheit; zwischen Alternativen wählen zu dürfen; und an freien Abstimmungen und Wahlen teilnehmen zu können. Es gäbe noch weitere Dinge, die man lobend erwähnen könnte.

Die Amerikaner fühlen sich mit der von der Verfassung garantierten Freiheit sehr wohl und berufen sich darauf, egal welches Problem auftaucht. Freiheit, was immer man darunter verstehen mag, wird als das kostbarste Gut in den USA angesehen. Es ist die allgemeine Überzeu-

---

[52] Paul Krugman, "The Swiss Menace" [Die Schweizer Bedrohung], *The New York Times*, 16. August 2009.
[53] ebd.

gung, dass Regierungsvorschriften einschränken und dem Erreichen von persönlichen Zielen des Lebens entgegenstehen.

Freiheit als Handlungsgrundsatz ist den Amerikanern wichtiger, als eine Versicherung im Krankheitsfall zu haben. Eines der Argumente, das in der Debatte über die Krankenversicherungspflicht immer wieder auftaucht, ist, dass der freie Amerikaner doch das Recht haben sollte, sich zu entscheiden, ob er sich gegen Krankheit versichern will oder nicht. Erwähnenswert ist, dass man sich auf die Freiheit beruft, um die Nichtmitgliedschaft im geplanten Gesundheitsschema zu verteidigen.

Das Argument der Freiheit ist in Amerika zentral zum Beispiel um das Individuum vor der Entscheidung zu schützen, an einem Rentenplan teilzunehmen oder nicht. Aber die Freiheit, sich *nicht* am Rentensystem zu beteiligen, wird nie eine Rente bilden. Es ist für Amerikaner wichtiger, frei zu sein, als gegen Arbeitslosigkeit versichert. Sie haben eine eher zurückhaltende Einstellung zu Sozialeinrichtungen, seien sie nun für Alter, Krankheit, Unfall oder Arbeitslosigkeit.

Dass Freiheit einen derart wichtigen Platz in der amerikanischen Kultur einnimmt, ist anerkennenswert. Jedoch ist es auffallend, dass das Argument der Freiheit sehr einseitig benützt wird. Es gibt in diesem Land viele Regeln und Vorschriften, die die individuellen Freiheiten einengen und hohe Anforderungen an die Bürger stellen, indem sie deren persönliche Freiheit stark beschneiden wie Steuerpflicht, obligatorische Angabe aller Zutaten in Lebensmittel, Verkehrsregeln und die vielen Vorschriften im Bauwesen. Am Wohnort sind Regelungen in Kraft, welche die Bürger vor Feuer, Überschwemmungen und anderen Naturkatastrophen schützen sollen. Dankbarkeit und Anerkennung für die Rettungskräfte und zuständigen Organisationen werden regelmässig entboten.

Dass Regierungsvorschriften das Leben besser macht, wird von einer Mehrheit befürwortet. Hingegen wird die Idee, dass die eigene Regierung die Einwohner im Krankheitsfall schützen oder für die Altersversorgung gesetzliche Vorkehrungen treffen soll, vom Amerikaner schwerlich verstanden. Das Argument, welches besagt, die Regierung habe sich nicht in die privaten Angelegenheiten der Bürger einzumischen, findet sich stets bei der Diskussion über die Einführung der obligatorischen Krankenversicherung. Warum wird das Prinzip der Freiheit gerade hier verwendet? Für mich sind die verschiedenen Reaktionen und die Beurteilung der Regierungseinmischung in das private Leben sehr seltsam. Die Vereinigten Staaten sind eine Nation von Individualisten und kein Land, das durch Solidarität zusammengehalten wird.

Die Regierung in Washington verlangt durch „Obamacare" mehr Einfluss auf das Verhalten der Individuen. Dies ist der wunde Punkt für die Amerikaner, dass sie gegenüber ihrem eigenen Staat eine grosse Skepsis kennen und diese Fürsorglichkeit ablehnen.

Die Einstellung der Öffentlichkeit gegenüber den eigenen Landsleuten und der Gemeinschaft ist dabei unbedingt positiv. Es gibt viele Freiwillige im ganzen Land, die bewundernswerte Leistungen erbringen. Gemeindeprojekte, in denen etwa arme Leute verpflegt und eingekleidet werden, hängen von der lokalen Unterstützung ab.

Was ich vermisse, ist eine koordinierte Betreuung in der Stadt oder im Bundesstaat. Lokale Gruppen leisten Unterstützung, wo sie gerade einen Bedarf sehen. In der Stadt New York kümmern sich verschiedene Kirchen um die Hungrigen. In den Strassen San Franciscos habe ich umgekehrt derart viele hungrige Leute und Obdachlose gesehen, dass ich vermuten muss, dass die dortigen Bemühungen ungenügend sind.

Das weitverbreitete Freiwilligensystem kann jedoch die Bedürfniserwartungen nicht systematisch abdecken. Der Amerikaner tritt diese Verantwortung nur ungern an eine Behörde ab, da er sie als seine eigene empfindet. Es wäre ein interessantes Projekt zu vergleichen, inwieweit koordinierte staatliche Hilfe und auf der anderen Seite Freiwilligenarbeit helfen, Hunger und Obdachlosigkeit zu besiegen. Die öffentliche Hand dieses reichen Landes fühlt sich zur Betreuung von Bedürftigen nicht verpflichtet.

In diesem Gebiet wird das Misstrauen des Amerikaners gegenüber seiner eigenen Regierung am deutlichsten: je weniger Staat, desto besser. Diese Aussage ist tief in die Seele der Amerikaner und insbesondere der Mitglieder der Republikanischen Partei eingraviert. Freiheit wird oft als ein Argument benützt, um Neues nicht einzuführen und alles zu belassen, wie es ist. So scheint es, dass nichts zu ändern Freiheit bedeutet. Diese Art von Verhalten führt zu Stillstand, und zwar auf privater wie auf öffentlicher Ebene.

Haben die Amerikaner Angst vor einer zu umfassenden Sozialgesetzgebung? Oder ist die Furcht vor der obligatorischen Krankenversicherung ein Ausdruck einer Unsicherheit? Ich habe Verständnis für Sorge vor Veränderung. Was man nicht kennt könnte eine Bedrohung werden. Warum etwas ändern, das in etwa gut oder recht gut funktioniert? Was nur in Theorie vorhanden ist, mag sich als Misserfolg erweisen.

Nach meiner Meinung enthält das amerikanische System zu viele Löcher, Ausnahmen und Wahlmöglichkeiten, um ein allgemeines Leistungsniveau zu erreichen. Viele Ziele werden in Angriff genommen. Einige Sozialeinrichtungen sind jedoch finanziell nicht abgesichert und müssen in naher Zukunft neu organisiert werden. Ich bezweifle, dass Social Security (als staatliche Pension, Erstes Stuhlbein), Medicare (Krankenkasse für Senioren) und Medicaid (Krankenversicherung für Arme) aufgegeben werden. Die Bevölkerung vertraut diesen Einrichtungen und ihre Ergebnisse sind ausgezeichnet.

Wenn ich meinen Freunden und Nachbarn in Colorado zuhöre, bekomme ich aber auch mit, dass die Amerikaner sich sehr wohl der Mängel und Versäumnisse in Bezug auf die eigene Sozialgesetzgebung bewusst sind. Sie sind beeindruckt, wenn sie von mir hören, wie viel in der Schweiz geboten wird und wie gut dies klappt.

Die USA haben eine unvollständige Sozialgesetzgebung. Wenig Information ist erhältlich und auch die Forschung für ein umfassendes Gesundheitssystem ist mangelhaft. Die Öffentlichkeit wird durch Geschichten und falsche Nachrichten über bestehende Krankensysteme im Ausland irregeleitet.

Angst vor einem Sozialstaat europäischer Prägung

Der amerikanische Sozialstaat ist eigentlich bereits existent, er ist jedoch von der Bevölkerung nicht als solcher anerkannt. Der Hauptgrund, ihn zu ignorieren, liegt in der Überzeugung, dass die Vereinigten Staaten nie das werden sollen, was Europa geworden ist. Europa ist *das* negative Bild, wenn auch viele Dinge sehr ähnlich eingerichtet sind und recht gut laufen. Fehlerhafte, übertriebene und verdrehte Tatsachen aus Europa werden ungeprüft veröffentlicht. Es verwundert daher wenig, dass die amerikanische Öffentlichkeit sich dem Wandel widersetzt.

Die Worte „Kommunismus" oder „Sozialismus" werden falsch oder ungenau verwendet. Am Besten wird dies anhand des folgenden Wortwechsels zwischen einem Journalisten und Rick Perry gezeigt (Gouverneur von Texas und zu jener Zeit ein Präsidentschaftskandidat der Republikaner):

TIME Magazine: „Fühlen Sie sich unter Druck, Ihre Rhetorik teilweise zu mildern, wie zum Beispiel die Obama Regierung als 'sozialistisch' zu bezeichnen?"

Rick Perry: „Nein, ich glaube noch immer, dass sie Sozialisten sind. Ihre Politik belegt das jeden Tag. Sehen Sie, wenn alle Antworten von der Hauptstadt Washington ausgehen, ob in Erziehungsfragen oder der Gesundheitspolitik, so ist das im Grunde Sozialismus."[54]

---

[54] Mark Halperin and Rick Stengel, „Americans are tired of political correctness" [Die Amerikaner sind der politischen Korrektheit müde], *TIME Magazine*, 26. September 2011.

In anderen Worten, tägliche Kommentare über Erziehung und Gesundheit aus der Hauptstadt Washington kommend machen das Land bereits sozialistisch. So zu denken ist naiv, ja sogar lächerlich. Viele Amerikaner haben grosse Furcht vor Sozialismus und Kommunismus, wissen jedoch selten, was diese Ausdrücke wirklich bedeuten. Sie sind in den USA Verleumdungen, und werden einem gegnerischen Politiker als verunglimpfende Etikette angehängt. Wenn der dunkle Sozialismus in Amerika abgelehnt wird, wird er benützt um die sozialstaatlichen Institutionen in Europa abzulehnen. Auch wenn die Amerikaner nichts von Sozialismus versteht, scheint eines sicher zu sein: Er ist sicher verwerflich.

Wenn auch die Definition von Sozialismus schwierig, ja kompliziert ist, handelt es sich um ein Wirtschaftsmodell, das keine Initiative im privaten Sektor zulässt und alle Wirtschaftsaktivitäten im Kollektiv meist als staatliche Behörde regelt. Das war der Fall der Sowjetunion (von 1917 bis 1989) sowie ihrer Vasallenstaaten in Europa (von 1945 bis 1989). Es ist nicht schwierig, dies aus vielen Gründen abzulehnen. Aber in täglichen Kommentaren über das Erziehungs- oder Gesundheitswesen bereits Sozialismus zu sehen? Ich glaube nicht. Mit dieser Haltung wird die Tatsache ignoriert, dass viele europäische und asiatische Staaten grosse Fortschritte in der sozialen Wohlfahrt seit 1950 gemacht haben.

Andererseits ist eine sozialdemokratische Wirtschaft eine Kombination von staatlichen Standards und privatwirtschaftlichen Initiativen. Die staatlichen Obligatorien sind durch die demokratischen Entscheidungsprozesse der einzelnen Länder angenommen worden. Gesetzesgeber und Regierung nennen die Vorgaben, die die Privatwirtschaft mit Produkten oder Leistungen ausführt. Die Länder Skandinaviens sind Modell dieser Wirtschaftsstruktur.

Was für einen Realisierungsgrad will ein Land einführen?

Zu meiner Überraschung werden soziale Probleme von Bundesstaat zu Bundesstaat unterschiedlich behandelt. Auf privater Ebene verpflegen einige Kirchen in New York täglich arme Leute, aber an anderen Orten wird nichts dergleichen geleistet. Reichere Staaten unterstützen Kinder und Familien in Not und kämpfen gegen Missbrauch und Betrug.

Ein Land muss sich die Grundfrage stellen: Welche gesellschaftlichen Leistungen sollen durch die Regierung ausgeführt werden und welche durch den privaten Sektor. Zu viel Regierungsaktivität öffnet die Tore zum Missbrauch des Systems. Private Initiativen hingegen sind kaum fähig, alle Bedürfnisse überall abzudecken. Und Freiwilligenarbeit erreicht längst nicht alle Leute.

Die Schweiz als liberaler Staat kennt folgendes Prinzip: Der Staat ist die ordnende, die Wirtschaft ist die handelnde Einheit. Die Beziehungen zwischen den Bürgern und dem Staat sind von gegenseitigen Pflichten geprägt. Wie die Regierungsbehörden dem Bürger gegenüber Pflichten haben, hat der Bürger gegenüber der Allgemeinheit Pflichten. Aufgrund meiner Erfahrung in der Schweiz handelt es sich um sieben Pflichten, die der Bürger resp. Einwohner zu erfüllen hat: (1) Steuern an Gemeinde, Kanton/State/Land und Bundesbehörde zahlen; (2) Militär- oder Zivildienst leisten; (3) eine Krankenversicherung abschliessen; (4) Monatsbeiträge an die staatliche Pensionskasse (AHV) leisten; (5) Monatsbeiträge an die betriebliche Pensionskasse (BVG) einzahlen; (6) eine Autoversicherung lösen, wer ein Auto besitzt; (7) eine Gebäudeversicherung abschliessen, wer ein Haus oder eine Eigentumswohnung besitzt.

Meines Erachtens sollte jedes Land die Bedürfnisse seiner Bewohner evaluieren, basierend auf der Kultur, dem geschichtlichen Hintergrund, den finanziellen Möglichkeiten und der wirtschaftlichen Entwicklung. Alsdann geht es darum, die richtige Ausgestaltung zu finden und die nötigen Institutionen einzurichten. Die amerikanische Öffentlichkeit ist sich nicht bewusst, was alles möglich wäre und was alles bereitgestellt werden könnte. Viele Probleme und schwierigen Situationen könnten gelöst werden, wenn man ein klares Ziel verfolgen würde. Dies würde allen mehr inneren Frieden und Freiheit bringen.

Amerikaner prüfen keine Lösungen aus anderen Ländern um gute Ideen zu finden, die sie kopieren könnten. Ich habe oben dargelegt, dass in der Schweiz viele Neuerungen erst nach langen Diskussionen eingeführt wurden und man sich auch nicht scheut, nach kurzer Zeit Anpassungen zu machen. Ein Überprüfen würde die Resultate der politischen und sozialen Bemühungen verbessern und hätten einen grossen Einfluss auf das Wohlbefinden der Leute. Eine lebende Demokratie verlangt aber Anpassungen und Veränderungen.

Zu Ehren der amerikanischen Demokratie

Die amerikanische Demokratie war stets ein Vorbild für andere Länder und ihre Funktionsweise sollte sich während der letzten 200 Jahre eingeschliffen haben. Mit diesem Modell in Kraft, sollte es ein Leichtes sein, eine speziell für das amerikanische Volk angepasste Sozialgesetzgebung zu gestalten. Gesetze können immer wieder angepasst werden.

Die Amerikaner sollten sich um ihre Demokratie sorgen. Ich bin schockiert von der Tendenz zu lesen, dass die demokratischen Rechte abgebaut werden sollen. Zum Beispiel sollen die Öffnungszeiten der Wahllokale am Wahltag vermindert werden oder kurz vor dem Wahltag wird die Idee lanciert, die Stimmabgabe müsste zusammen mit einem Ausweis mit Foto kontrolliert werden, um jene auszuschliessen, die über keinen entsprechenden Ausweis verfügen.[55] Oder die Idee,

---

[55] Doug Allen, "The Republican war against democracy" [Der Krieg der Republikaner gegen die Demokratie], *Aspen Daily News*, 7. November 2012

dass reiche Amerikaner mehr Stimmen haben sollten als arme Leute.[56]

Das Misstrauen der Amerikaner gegenüber ihrer eigenen Regierung steht andererseits in krassem Gegensatz zu den guten Leistungen von Regierungsbetrieben wie etwa dem Amerikanischen Postservice (USPS), dem Service der Nationalparks (USNPS), der Raumfahrt Agentur (NASA) oder dem öffentlichen Rundfunk, National Public Radio (NPR). Lebensqualität und innere Ruhe eines Landes hängen von der Beachtung von einsichtigen Gesetzen ab. Das Alltagsleben in Amerika ist bestimmt durch die strikte Einhaltung dieser Vorschriften und bietet Ruhe, Luxus, Abenteuer, Schönheit und Chancen.

---

[56] Charles Riley, "Tom Perkins' big idea: The rich should get more votes" [Tom Perkins grosse Idee: Die Reichen sollten mehr Stimmen haben], *CNN money*, 14. Februar 2014

5. Amerika im Spiegel der Welt

Geschichte der USA von 1945 bis heute

Betrachten wir die moderne Geschichte seit dem 2. Weltkrieg. Hier ist meine klare Aussage: Die Vereinigten Staaten haben Europa durch den Eintritt in den 2. Weltkrieg aus einer schrecklichen Sackgasse (Faschismus, Krieg, Holocaust) geführt. Dadurch, dass sie den Krieg 1945 gewonnen haben, haben sie entscheidenden Einfluss auf die Geschichte Europas genommen und als Vorbild für Demokratie, die freie Marktwirtschaft, die Redefreiheit und andere Grundrechte gedient. Auch wenn die Dankbarkeit gegenüber den USA und die Wertschätzung Amerikas während der letzten Jahre verblasst sind, bleiben diese Leistungen doch trotz aller Kritik unbestreitbar. Dessen ungeachtet benötigt das Modell heute einige neue Ideen.

Nach dem 2. Weltkrieg waren die USA die unangefochtene Führungsnation des Westens. Die Rivalität mit der Sowjetunion und ihrem Einflussbereich war eine Herausforderung und wurde einige Male gefährlich. Die bipolare Welt nährte die Ausprägung von Demokratie und freier Marktwirtschaft auf der einen und Parteidiktatur und Planwirtschaft auf der anderen Seite. Keine der beiden Allianzen erhält gute Noten in Ethik. Um ihre entsprechenden Ziele zu erreichen, wurden keine zimperlichen Methoden angewandt. „Problemfälle", die durch grobe und falsche Einschätzungen entstanden sind, wurden auf beiden Seiten mit groben und harten Massnahmen gelöst – zum Beispiel 1954 in Guatemala wegen Entschädigungsfragen einer privaten amerikanischen Firma oder 1956 der Aufstand gegen die Kommunisten in Budapest.

Die Liste der amerikanischen militärischen Einmischungen in fremden Ländern seit 1803 ist sehr lang. Militärinterventionen in der zweiten Hälfte des 20. Jahrhunderts, um, wie in Guatemala, einen Diktator gegen einen demokratisch gewählten Präsidenten einzutauschen (1954), oder in der Dominikanischen Republik einen demokratisch gewählten Präsidenten zu stürzen (1965), oder um den Staatsstreich des Militärs in Chile zu unterstützen und einen demokratisch gewählten Präsidenten loszuwerden (1973), oder um im Libanon, in Grenada, im Iran, in Panama, in Bolivien und in Kambodscha zu intervenieren, oder Diktatoren in Asien (Philippinen, Indonesien, Vietnam) zu beeinflussen, wurden kaum kritisiert oder allgemein übersehen. Ebenso lang ist die Liste der indirekten Einmischungen zum Beispiel in Brasilien, Jordanien und Argentinien, auch sie wurden in Europa mit einer unkritischen Haltung gegenüber dem starken Partner, den USA, aufgenommen.

Man sah die Gefahr, dass Parteidiktatur und Planwirtschaft zur Alltagswirklichkeit des Westens hätten werden können. So konnten während des so genannten Kalten Krieges (1945 – 1989) viele unwürdige Kampagnen mithilfe des Feinbilds „Roter Osten" geplant und ausgeführt werden. Ich erinnere mich an die 1960er Jahre in der Schweiz, als Kritik an den USA oder am Kapitalismus, die öffentlich oder im privaten Kreis genannt wurde, mit der Bemerkung quittiert wurde, man soll nach Moskau gehen und seine Meinung alsdann nochmals überdenken.

Amerikanische Interventionen wurde keiner Kritik zuteil, bis zum Ende des Vietnamkriegs (1955 – 1975), als grosse Verluste auf der eigenen Seite entstanden. Interessanterweise kam die Kritik dann aus den USA selbst.

Die "Pax Americana"[57] war während Jahrzenten gültig. Europa konnte seine Kriegsschäden loswerden und eine neue Infrastruktur und eine blühende Wirtschaft aufbauen. Der „American Way of Life" wurde schnell zum weltweiten Vorbild.

---

[57] "Pax Americana", aus dem Lateinischen übersetzt, meint "amerikanischer Friede".

Alleiniger Führer der Welt

Eine unerwartete Situation ist 1989 mit der Selbstauflösung des Hauptrivalen der USA, der Sowjetunion, entstanden. Die vorhandene Wirtschaft des verfallenden Sowjetimperiums wurde rasch durch kapitalistische Prinzipien und Institutionen abgelöst. Dies hatte auch Einfluss auf China und das einst siegreiche (Nord-)Vietnam, wenn diese Länder auch kommunistisch blieben, mit einer Diktatur als Regierungsform.

Die bipolare Welt mit einem Westen (den USA und ihren Verbündeten) und einem Osten (mit der Sowjetunion und ihrem Einflussgebiet) wurde nach 1989 aufgelöst. Da war kein Feind oder feindliches Klischee mehr, um zu wetteifern. Es gab nur noch eine Weltmacht: die USA. Was zu einer Vereinheitlichung und Vereinfachung der wirtschaftlichen Weltkarte führte und die Weltwirtschaft beflügelte, ergab umgekehrt eine kritische politische Haltung der westlichen Verbündeten gegenüber den Vereinigten Staaten in ihrer Rolle als Schutzmacht.

Die Regierung Clinton/Gore (1993 - 2001) bescherte eine unspektakuläre und ruhige Zeit der Aussenpolitik und konnte während vier Jahren einen ausgeglichenen Staatshaushalt führen. Der recht gute Zustand der öffentlichen Finanzen änderten sich von Grund auf mit den Kriegsinterventionen in Afghanistan (2001) und Irak (2003) und die von der Regierung Bush/Cheney (2001 - 2009) eingesetzte Steuererleichterungen auf Kapitalgewinne (2003) und Verbesserungen bei Medicare (Medicare Improvements for Patients and Providers Act 2008). Tiefere Steuereinnahmen und höhere Staatsausgaben legten das Fundament für die hohen amerikanischen Haushaltlöcher von heute.

Der Irakkrieg – Sinneswandel in Europa gegenüber der Politik der USA

Die seit 1945 bestehende Atlantische Partnerschaft der Beziehungen zwischen Westeuropa und den Vereinigten Staaten waren grundsätzlich gut. Während Jahrzehnten waren die USA das Traumziel vieler Europäer für Ferien oder Karriere. In den vergangenen zehn Jahren hat sich die Stimmung grundsätzlich verändert und die USA sind von einem respektierten und beneidenswerten Land zu einer Nation mit wenig Sympathie und ohne Perspektiven mutiert. In Europa sind Spuren offenen Hasses wahrnehmbar, wenn die USA zum Thema werden.

Die veränderte Einstellung gegenüber Amerika begann mit der Invasion des Irak im Jahre 2003. Sie entlarvte die amerikanische Regierung und zeigte deren verborgenen Motive sich von Eigeninteresse und nicht von Idealen leiten zu lassen (siehe weiter unter „Doppelmoral"). Sie zeigte ihre Unbeholfenheit in der Behandlung von anderen Kulturen mit religiösen Hintergründen und das bis zur Lächerlichkeit.

Die Administration Bush/Cheney verkannte die inneren Probleme des Iraks komplett und war nicht in der Lage, die politische Situation im Voraus abzuschätzen. Das Land war in zwei Religionsgruppen des Islams gespalten, wobei die Minderheit die Mehrheit kontrollierte. Es wäre eine Aufgabe der Diplomatie gewesen, die politische Analyse des Iraks zu liefern. Aber erst nach der Invasion wurden diese Zusammenhänge der internen Machtkonstellation durch die US Armee wahrgenommen. Dies führte zu verschiedenen strategischen Fehlern.

Die irakischen Militärverbände aufzulösen, stürzte das Land in ein Chaos und löste einen Bürgerkrieg aus. Die Tatsache, dass man Freund und Feind nicht unterscheiden konnte, mögen für die amerikanischen Streitkräfte eine Überraschung gewesen sein, doch man hätte es erwarten können – wenn man Lehren aus dem Vietnamkrieg gezogen hätte. Eine reguläre Streitmacht oder eine klassische Besatzungsmacht hat in einem Bürger- oder Guerillakrieg einen schweren

Stand. Die Amerikaner dachten, sie wären Befreier, wie in Deutschland 1945. So erklärte Präsident Bush zu früh, die Aufgabe sei erledigt. Er begriff nicht, dass er es mit einer völlig anderen Situation zu tun hatte.

Die Rechtfertigung für die Invasion des Iraks (Bedrohung der USA durch Massenvernichtungswaffen) war unehrlich und, wie wir heute wissen, hat man dieses Argument erfunden. Die Regierung Bush/Cheney führte die amerikanische Öffentlichkeit in die Irre und belog den Kongress, das waren grobe Fehler. Die Vorfälle im Gefängnis von Abu Ghraib waren schändlich und als Beispiel für das Ideal einer Demokratie kontraproduktiv. Noch selten sind Anspruch und Wirklichkeit so stark auseinandergefallen.

Der Sicherheitsrat der Vereinten Nationen hat die Irakinvasion der USA nie genehmigt. Sie wird als ein Angriff der USA auf das Land und als Verletzung des internationalen Rechts angesehen. Die Suche nach Massenvernichtungswaffen und der Vorgabe, demokratische Regeln im Irak einzuführen, waren eine Rechtfertigung, um die Öllieferungen nach Amerika zu sichern.

Die arrogante Haltung und die gezeigte Besserwisserei der amerikanischen Regierungsvertreter stiessen in Europa auf eine Welle der Missbilligung und Empörung. Was sind die verborgenen Beweggründe hinter der internationalen Politik der Amerikaner?

Ich erinnere mich an viele Kommentare während Tischgesprächen, bei denen die Nahostpolitik der USA kritisiert wurde. Leute, die die Vereinigten Staaten von Reisen oder Berufskontakten her kennen, sind eher nachsichtig und unterscheiden zwischen den Einzelpersonen und der Weltmacht.

Das amerikanische Engagement im Irak hat eine wertende, ablehnende Haltung in Europa hervorgebracht, die schliesslich in emotionaler Rückweisung alles Amerikanischen mündet. Die Leserbriefe in verschiedenen Tageszeitungen aus dieser Zeit wie *Le Monde* in Paris, *Le Temps* in Genf, *Neue Zürcher Zeitung* in Zürich oder *Süddeutsche Zei-*

tung in München bestätigen dies. Diese Aussagen mögen scharf ausgefallen sein, der Grundton ist, dass die Supermacht USA schweigen und sich zurückhalten sollte und sich auf ihre eigenen Probleme konzentrieren solle. Ein Land, das sich einst als so überlegen dargestellt hat, wird nun als egoistisch angesehen.

Die amerikanischen Streitkräfte sind immens und fähig, jederzeit und überall auf der Welt einzuschreiten. Die amerikanischen Militärausgaben sind fast so gross wie diejenigen aller andern Länder zusammen.[58] Leider muss man sagen, dass kein Land sicher ist vor einer Einmischung des selbst ernannten Weltpolizisten. Bis heute haben die USA internationale Angelegenheiten meist unter Einsatz von militärischer Macht gelöst. Ich vermute, dass dies noch einige Jahre andauern wird.

Es ist unbestritten, dass die Leute im aktiven Dienst der amerikanischen Streitkräfte eine bewundernswerte Leistung erbringen. Viele sind verwundet worden oder haben den Einsatz mit ihrem Leben bezahlt und werden für ihre Tapferkeit anerkannt. Mit welchem Patriotismus die Mitglieder der Streitkräfte und die Veteranen bei öffentlichen Anlässen gewürdigt werden, ist für einen Neuling im Land jedoch beklemmend.

Die Rolle einer Grossmacht, die die Fähigkeit hat, alles mit Macht zu lösen, lässt ungute Gefühle aufkommen. Als Vertreter eines kleinen Landes fühlt man sich wie ein Bub im Schulhof, wenn der grosse Bub seine Kraft braucht, um den kleinen Buben zu unterdrücken. Die Übermacht alleine ist entscheidend, die Argumente sind irrelevant.

Arroganz und kulturelle Indifferenz

Der Amerikaner im Ausland ist anderen Kulturen gegenüber wenig empfänglich. Ob es ein Tourist ist oder ein Geschäftsmann, er scheint

---

[58] SIPRI, Stockholm International Peace Research Institute, Annual Report 2011, von Roger Baettig, "Weltweite Militärausgaben – USA unangefochten vorne weg", *International Business Times*, 8. Juni 2011.

sich nicht bewusst zu sein, dass er in einem anderen Land zu Gast ist. Er merkt nicht, dass andere Kulturen unterschiedliche Werte, Gewohnheiten, Verbindlichkeiten, Sprachen und Regeln haben. Aus seinem Selbstbewusstsein heraus meint der Amerikaner, dass die ganze Welt so denkt und fühlt wie er. So ist es nicht überraschend, dass er sich im Ausland so benimmt wie im eigenen Land und nicht realisiert, dass ihm mit Unverständnis und Ablehnung begegnet wird.

Ein Sprichwort sagt: Wenn du in Rom bist, verhalte dich wie die Römer. Der Amerikaner aber wird kaum die lokale Sprache sprechen. Er nimmt keine Rücksicht auf die unbekannte und fremde Welt. Dieselbe kulturelle Gleichgültigkeit zeigt sich in Unternehmen, mit Regierungsvertretern und mit Militärs.

Einer meiner amerikanischen Freunde wurde 2001 von seiner Firma von den USA nach Zürich versetzt. Heute bekennt er, dass er sich nicht bewusst war, in einer fremden Kultur mit unterschiedlichen Regeln zu leben und dass er, mehr als ein Jahr lang, so gelebt hat, als sei er in seinem eigenen Land. Da er nicht geschult wurde, im Ausland zu leben, so erlaubte seine Arroganz und Sturheit ihm nicht, sich anzupassen. Nach einiger Zeit war er verärgert, dass er sich nicht wohlfühlte. Er war nicht bereit, die örtlichen Regeln und Gebräuche zu respektieren und führte seinen amerikanischen Lebensstil in der Schweiz weiter. Als er einmal erkannt hatte, dass er Gast in einem anderen Land war, konnte er das Alltagsleben genießen und das Beste daraus machen.

Amerikaner haben wenig Erfahrung im interkulturellen Verhalten. Es ist mein Eindruck, dass die Ausfallrate der amerikanischen Versetzungen in fremde Länder 50 Prozent beträgt. Wenn Amerikaner im Ausland leben und arbeiten, werden die meisten einem amerikanischen Klub im Gastland beitreten. Eine Sprache zu lernen, sich anzupassen und sich in die lokale Kultur einzuleben, benötigt Aufwand und Einfühlungsvermögen. Es ist einfacher, in der kurzen zur Verfügung stehenden Freizeit, mit Landsleuten zusammen zu sein. Diese interkulturelle Gleichgültigkeit wirkt sich auf die beruflichen Leistung und das ganze soziale Umfeld aus. Interkulturelle Schulung ist heute allgemein zugänglich.

Der Weltpolizist

Es vergeht keine Woche, ohne dass die amerikanische Regierung mit Finger auf andere Länder zeigt und deren Fehler oder Mängel nennt. Kritisiert werden alltägliche politische Schritte. Der Moralist für Menschenrechte, die Vereinigten Staaten, unterweist die fehlbare Partei, sich mithilfe der amerikanischen Ratschläge zu verbessern. Zum Beispiel nahm der damalige Finanzminister der USA, Thimothy Geithner an der Konferenz seiner europäischen Kollegen zum Euro im Sommer 2012 teil[59]. Er gab grosszügig seine Ratschläge, wie das europäische Schuldenproblem gelöst werden könnte. Ja, der Vertreter desjenigen Landes, das seit 2006 die grösste Zunahme der Verschuldung aufweist, will andere darüber belehren!

Im selben Jahr besuchte der Sonderbeauftragte für Menschenhandel der amerikanischen Regierung, Botschafter Luis CdeBaca die Schweiz und war in Kontakt mit Politikern und Behördenvertretern der Bundesregierung in Bern.[60] Er stellte eine Lücke in der Gesetztgebung fest, die den Menschenhandel und die Prostitution in der Schweiz betrifft. Er kritisierte ebenso einige Gerichtsverfahren, kritisierte, dass Gerichtsurteile zu mild ausfallen, und empfahl, dass die Obergerichte (Kantonsgerichte) „aufholen".

Mit anderen Worten: Die amerikanische Regierung zeigt sich in der Schweiz und instruiert die Schweizer Regierung, was sie zu tun hat. Man stelle sich vor, dass ein Vertreter Ungarns oder Koreas nach Washington reist und eine Änderung der amerikanischen Gesetze verlangt oder Gerichtsurteile, die in Missouri oder Nevada gefällt wurden,

---

[59] Reuters, "EURO-Länder wollen keine Ratschläge der USA", *Neue Zürcher Zeitung*, 16. September 2011.
[60] Brigitte Hürlimann, "Zu milde Strafen für Menschenhändler?", *Neue Zürcher Zeitung*, 11. Juli 2012.

kommentiert. Beachtet die amerikanische Regierung die Unabhängigkeit des anderen Landes?

Es ist nicht das erste Mal, dass sich die amerikanische Regierung in schweizerische Angelegenheiten einmischt; die Banken, die Steuern, die Konten aus der Zeit des Holocaust und andere Themen sind Beispiele dafür. Ich vermute, dass mit anderen Staaten ebenso verfahren wird. Wenn eine Behörde in diesen Angelegenheiten etwas zu sagen hat, dann sind es die Vereinten Nationen oder eine ihr angeschlossenen Organisationen.

Von meinen amerikanischen Freunden höre ich, dass die Vereinten Nationen keine respektable Organisation sei. Ist das so, weil die Entscheidungen des Sicherheitsrates und der UNO-Generalversammlung immer Kompromisse sind? Jedes Mitglied der UNO ist ein gleichberechtigter Partner und hat eine volle Stimme. Die Mitgliedstaaten müssen eine gemeinsame Basis und neue Lösungen finden. Daher kann eine starke Stimme diese Organisation nicht führen. Stehen Kompromisse für Niederlage, Aufgeben oder Enttäuschung über das Ergebnis oder kann Kompromiss eine Win-win-Situation sein? In den Vereinten Nationen gibt es kein Führen mit Macht.

Solch ein Benehmen mag anerkannt sein, solange die Führungsmacht nach den eigenen Vorgaben lebt. Die einfachsten Ideale wurden von der amerikanischen Politik selbst oft nicht beachtet. Ein typisches Verhalten der amerikanischen (Aussen-)Politik ist mit dem Sprichwort „Wasser empfehlen und Wein trinken" umschrieben. Die Entsprechung dieses Sprichworts heisst in den USA „Mache, wie ich sage und nicht wie ich tue ..."

Doppelmoral

Die USA sind gut im Vorbringen erhabener Ideen, die jedoch mit der Absicht verbunden sind, ihre eigenen Interessen zu verfolgen. Und schlimmer, sie wenden ihre eigenen Regeln und Prinzipien nicht an, wenn sie die Ergebnisse demokratischer Entscheidungen anderer Länder nicht respektieren.

Da sind politische Partner, die willig sind, den amerikanischen Ratschlägen zur Unterstützung demokratischer Prozesse zu folgen. Es ist für diese jedoch sehr verwirrend, wenn sie herausfinden, dass amerikanische Grundsätze für die amerikanische Regierung nicht gelten. Ein Beispiel ist die demokratische Wahl des Präsidenten in Guatemala 1954. Als eine ausländische Regierung demokratisch sich für ein Gesetz entschieden hat, das gegen Interessen eines amerikanischen Multi was, wurde militärisch interveniert. Anstatt dass Demokratien unterstützt werden, werden die Ergebnisse umgestossen. Anhänger der Demokratie in diesen Ländern fühlen sich betrogen.

Seit Jahren verlangen die amerikanischen Regierungen die Abschaffung der Gesetze des Bankgeheimnisses von einigen europäischen Staaten wie Österreich, Luxemburg und der Schweiz und mischen sich so in deren innerstaatliche Angelegenheiten ein. Das amerikanische Senatskomitee für Banken, Staatshaushalt und urbane Fragen ist führend in dieser arroganten Forderung. Die Schweiz hat anfangs der 1930er Jahre das Bankgeheimnis eingeführt, dass der Staat – insbesondere die Steuerbehörden – keinen Zugang zu den Kundendaten haben darf. In der Schweiz ist diese konservative Auffassung tief im Bewusstsein der Bürger wie auch der Behörden eingraviert.

Das Eigenartige an der Sache ist, dass die USA selbst ein Bankgeheimnis kennen, das sie gegenüber südamerikanischen Staaten anwenden und verteidigen. Die Steueroase Florida/Miami, die laschen Regeln für Gesellschaften, die im Staat Delaware eingeschrieben sind, wie auch die guten Beziehungen, die mit den Cayman Islands bestehen, sind einige Beispiele, die es zu nennen gilt. Von diesen Stützpunkten aus bietet die amerikanische Bankindustrie Dienste an, die denjenigen in Europa sehr ähnlich sind.

Die Forderung, die Gesetze zum Bankgeheimnis in Europa aufzuheben, hat also nichts mit Grundsätzen, guten Absichten oder noblen

Ideen zu tun solange keine Anzeichen bestehen, dasselbe im eigenen Land zu tun. Die Argumente werden gebraucht, wann immer sie dem Zweck dienen, das heisst der amerikanischen Wirtschaft förderlich sind. Die Vorteile können immer in Dollar und Cents ausgedrückt werden. In Europa wird diese Doppelmoral klar erkannt und führt zu einem bitteren Nachgeschmack, der sich in einen emotionalen Antiamerikanismus wandelt.

Der elegante Weg, anderen etwas beizubringen, ist, das Vorbild zu leben: Man bestimme den Idealzustand und wende diese Vorgaben bei sich selber an. Dann darf man andere belehren. Die USA gehen nicht diesen Weg. Sie kämpfen nicht für globale Ideale und Grundsätze und setzen sich nicht dafür ein. Die Vereinigten Staaten handeln aus eigennützigen, egoistischen und arroganten Gründen. Die amerikanische Politik ist meiner Meinung nach heuchlerisch.

Die Geschichte zeigt, dass Amerika Macht und Kriege benützt hat, um zu bekommen, was es wollte. Die amerikanische Politik vergisst oft, dass die Bürgerrechte für afrikanische Amerikaner nur unwillig und mit Verzögerungen angenommen wurden. Und wie sind das bösartige und grobe Verhalten gegenüber den Ureinwohnern und der Raub an ihrem Land zu erklären?

Was europäische Grossmächte in der Vergangenheit gemacht haben, um die Welt zu erobern, war nicht besser. Dennoch müssen die Beachtung von guten Regeln und ein moralischen Verhalten die Welt regieren.

Zerstören die Konservativen die amerikanische Demokratie?

Es ist meine Beobachtung, dass einige politische Parteien – nicht nur in den USA – so von ihren Lösungen und Vorschlägen eingenommen sind, dass sie sie als des Landes einzigen Weg aus der Misere anpreisen. Begreift man die Thesen und das Verhalten der Tea-Party-Bewegung, gewinnt man den Eindruck, dass sie einen Einparteienstaat errichten beabsichtigt. Amerikaner mit verschiedenen oder gegensätzlichen Ansichten werden verunglimpft und lächerlich gemacht oder schlimmer noch, werden abgeschrieben mit Erklärungen wie: Wenn du meine Ansichten nicht teilst, bist du kein Amerikaner.

Ich lebe im Land, das die moderne Idee der Demokratie entwickelt hat. Die Gewaltentrennung, freie Wahlen und andere Aspekte der Freiheit sind erfolgreich in Betrieb. Und so finde ich mich, im Land der klassischen Demokratie, inmitten von Anhängern eines politischen Modells, wie es in Nordkorea praktiziert wird, wo Familienkult mit Parteidiktatur verbunden wird, um jeden Gedanken der Bewohner gleichzuschalten. Die Vorstellung von einer dominanten politischen Bewegung in den USA, die als einzige brauchbare politische Meinung auftritt, scheint mir sehr seltsam.

Die Vehemenz, mit der die Argumente vorgetragen werden, ist beängstigend. Das politische Klima ist vergiftet – und war es wahrscheinlich immer. Ein Politiker oder Führer sollte die Fähigkeit haben, Kompromisse zu schliessen, Mittelwege zu finden und Lösungen aufzuzeigen, die das Land weiterzubringen.

Vom Vorbild zu einer Liste ungelöster Probleme

Die Welt beobachtet die amerikanische Schuldenkrise oder der Kampf um die Sozialinstitutionen mit einer neuen Sensibilität. Im internationalen Vergleich haben sich die wirtschaftlichen Erfolge und die Sozialindikatoren Amerikas verschlechtert: Die Infrastruktur lässt zu wünschen übrig, der Ausbildungsstand an öffentlichen Schulen ist gemäss PISA Studien[61] gefallen und die Steuergesetze sind lückenhaft, merkwürdig und bevorzugen die Reichen. Ein anderes dringendes Problem ist die illegale Einwanderung.

---

[61] PISA Studien: Program for International Student Assessment, ein Ländervergleich der OECD, der jährlich die Fähigkeiten und Kenntnisse der 15-Jährigen in Naturwissenschaften, Mathematik und Sprachen testet. Quelle: *www.oecd.org/pisa/*

Bis etwa im Jahr 2000 waren die USA unantastbar und hatten stets eine Innovation aus dem Ärmel gezaubert. Sie haben sich vom Vorbild in wirtschaftlicher Führung und Riesen der industriellen Entwicklung in ein Land mit vielen ungelösten Problemen verwandelt. Die Aufgabe ist heute eher aufzuholen als zu führen.

Der relative Niedergang, der Verlust der Vorrangstellung, muss vor rund 30 Jahren während der Präsidentschaft von Ronald Reagan begonnen haben, meint Robert Parry. deren Folgen heute spürbar sind. Er schreibt, dass „viele der heutigen schlechtesten nationalen und internationalen Probleme auf die Fehleinschätzungen und Amtsvergehen der Reagan Jahre zurückzuführen werden können – vom Anschwellen der Staatsverschuldung und ausser Kontrolle geratener Banken, vom Niedergang der amerikanischen Mittelklasse bis zur Inaktivität in Energieunabhängigkeit, vom Aufstieg des Islam bis zum nuklearen Arsenal in Pakistan."[62] Es scheint mir, dass die amerikanische Öffentlichkeit überrascht ist, sich in einem derartigen Abstieg zu befinden.

Es ist meine Erfahrung, dass der Amerikaner als privates Individuum sehr grosszügig, angenehm und freundlich ist. In den Vereinigten Staaten zu leben ist äusserst erfreulich. Ich erlebe den hohen Standard des American Way of Life, zu dem die Künste und die Schönheiten des Landes gehören.

Umgekehrt habe ich von den Vereinigten Staaten als Regierungskörper eine andere Meinung. Auf dem internationalen Parkett ist dieses Land hungrig nach Macht und Geltung. Sein kollektiver Charakter erscheint arrogant, von Stärke und Einfluss besessen und grenzenlos gross im Nehmen. Ich unterscheide klar zwischen Amerikanern als Einzelpersonen und Amerika als einer Nation. Jemand, der den Amerikaner nicht als Mensch erlebt hat, kennt nur die Hälfte des Bildes. Die Welt sieht vor allem den Aggressor, die Vereinigten Staaten als Machtnation.

---

[62] Robert Parry, "Ronald Reagan's 30-Year Time Bombs," [Ronald Reagans 30-Jahre-Zeitbomben], *Consortumsnews.com*, 28. Januar 2011.

6. Ein aktuelles politisches Portrait der USA

In diesem Kapitel werde ich die ökonomischen und sozialen Probleme der heutigen USA nennen. Es ist eine lange Liste und die Zusammenhänge sind komplex.

Neue Aufgaben

Das Engagement für Freiheit und freie Marktwirtschaft durch den Eintritt in die Kämpfe des 2. Weltkrieges war ein heroischer Akt der USA und endete 1945 mit dem Sieg. Das selbstbewusste und selbstlobende Verhalten der USA hat die Geschichte der vergangenen Jahrzehnte geprägt. Als Sieger des 2. Weltkrieges konnte man sich auf eine intakte Wirtschaft abstützen und die Militärmacht ausbauen. Der Kalte Krieg erlaubte es, einige Aspekte des amerikanischen Denkens unhinterfragt weiterleben zu lassen: die Denkweise, die 1945 aus dem Sieg über die Achsenmächte von Hitler, Mussolini und Kaiser Hirohito entstand, durch welche die Probleme durch militärische Machtdemonstration gelöst wurden.

Das Vorbild Amerika hatte einen positiven Einfluss auf viele Länder der Welt. Seit dem 2. Weltkrieg aber haben sich die Probleme von globalen militärischen Konflikten zu internen gesellschaftlichen Fragen verlagert.

Es ist mein Eindruck, dass die Führungsnation des Westens noch immer mit der Einstellung und den Werten von 1945 lebt, in dem Glauben, Probleme und Auseinandersetzungen nur mit Waffen lösen zu können. Dabei haben die USA seit dem 2. Weltkrieg mit ihren Militärinterventionen nicht viel erreicht: Korea ist geteilt; Vietnam wurde verloren; Amerika hat seinen Ruf als Verteidiger der Demokratie verwirkt; die angekündigte Demokratisierung des Iraks wurde nicht erreicht und in Afghanistan und Irak sind Fiaskos zu erwarten. Mit der Verlagerung von offener Militärgewalt zum Guerillakrieg gibt es keine einfachen Gewinne von klassischen Konfrontationen mehr. Offene Kämpfe sind rar geworden – es ist ein Wandel von dem direkten Aufeinandertreffen von Soldaten zur Bekämpfung eines unsichtbaren Feindes in Zivil eingetreten.

Heute sind die wichtigsten amerikanischen Sorgen und Herausforderungen die Arbeitsplatzsicherheit und der Aufbau der Sozialeinrichtungen. Es ist aussagekräftig für den Zustand des Landes, dass die Sozialeinrichtungen die grössten Budgetposten darstellen und viele Gemeinden und Bundesstaaten wie auch die Zentralregierung mit Defizitproblemen kämpfen.

Wenn die amerikanische Gesellschaft an der Zukunft interessiert ist, muss sie Probleme im Bereich der Erziehung, des Pensionskassensystems, der öffentlichen Finanzen, der Infrastruktur und der Steuern lösen. Sich in der Welt umschauen, wie andere Länder sich verhalten, mag eine Hilfe sein.

Das politische Leben in Amerika – Keine Kompromisse mehr

In verschiedenen Artikel für das *Time Magazine* schreibt der Reporter Joe Klein, dass die amerikanische Bevölkerung ihrer eigenen Bundesregierung gegenüber sehr kritisch eingestellt ist.[63] Die Frustrationen durch die Maschinerie in der Hauptstadt Washington sind gross und allgemein. Jene Welt der Regierung und des Kongresses ist weit weg und berührt die „Main Street" in den Bundesstaaten kaum.

---

[63] Joe Klein, "An Election of Lesser Evils" [Eine Wahl des kleineren Übels], *TIME Magazine*, 2. Juli 2012, oder "Where Checks Alone Can't Help" [Wo Kontrolle allein nicht helfen kann], *TIME Magazine*, 25. Juni 2012, oder "Middle of the Road" [Auf der Strasse], *TIME Magazine*, 24. Oktober 2011 oder "America from the Road," *TIME Magazine*, 18. Oktober 2010.

Joe Klein's Reisen durch verschiedene Staaten des Landes[64] 2011 und 2012 offenbaren klar die Stimmung im Land und die Enttäuschungen über die Bemühungen des Kongresses und deren Resultate. Weder Mehrheits- noch Minderheitsführer im Abgeordnetenhaus und im Senats scheinen besonders beliebt zu sein. Das Volk erwartet Kompromisse, aber der Kongress macht nichts. Beide grossen Parteien scheinen nur auf die Erfüllung ihrer eigenen Bedürfnisse hinzuarbeiten und verweisen dabei auf die Unzulänglichkeiten der Gegenpartei.

Heute, 2014, scheinen die Gesetzgeber in Washington unfähig zu sein, die vorhandenen Problembereiche anzugehen und zu lösen, wie beispielsweise die öffentlichen Verschuldung, Pensionspläne, Steuergesetze, Umweltschutz, illegale Einwanderung, Infrastruktur und das Erziehungssystem. Die Leistungen in den öffentlichen Schulen sind im internationalen Vergleich schlecht, die Infrastrukturbauten weisen zunehmend Mängel auf und das Steuersystem ist unausgewogen. Der Zustand verschiedener amerikanischer Institutionen wie die Social Security, die Bundesversicherung für Flutschäden[65] oder die Bundesfinanzen haben sich während der letzten Jahre verschlechtert. Was passierte mit den guten alten amerikanischen Tugenden?

Warum zeigt sich der Kongress seit einiger Zeit unfähig, wichtige Probleme aufzugreifen und warum sucht er keine Win-win-Situationen? Warum sind in den Vereinigten Staaten Lösungsvorschläge von aussen so verpönt?

Die Antwort hierzu ist relativ einfach: ausgeprägte Einzelinteressen regieren das Land. Politische Interessengruppen wie Ärzte, Rechtsanwälte, Spitäler, Versicherungsgesellschaften, Arzneimittelindustrie, Erzieher, Militär, Wirtschaftsgruppen, religiöse Eiferer und andere Gruppen haben keine Entsprechung in Europa. In den USA beeinflussen Lobbygruppen und politische Unterstützungskomitees[66] die Kon-

---

[64] Joe Klein, "Middle of the Road," TIME Magazine, 24. Oktober 2011.
[65] National Flood Insurance Programm
[66] PAC genannt, Political Action Committee

gressmitglieder, die ihre Zustimmung zu einer Gesetzesvorlage davon abhängig machen, ob ein Vorteil oder eine Ausnahme für ihren Staat im Gesetz aufgenommen wird. Interessengruppen unterstützen die Wahlkampagnen im grossen Stil. Es geht um riesige Summen, die in die Fernsehwerbung fliessen. Wie diese Wahlkampagnen geführt werden, lässt sich mit dem Begriff Plutokratie[67] umschreiben. Fühlen sich die Abgeordneten der Bevölkerung mit ihren Anliegen gegenüber verpflichtet? Oder ist es ihnen wichtiger, die Interessen ihres Sponsors zu beachten? Oder steht die Geschichte des Films „Mister Smith Goes to Washington"[68] für ein weitverbreitetes Übel im Kongress?

Zum Beispiel konnte 2010 der Mehrheitsführer im Senat, der Demokrat Harry Reid aus Nevada, für die „Obamacare" gewisse Ausnahmen aushandeln, die nur für Nevada gelten.[69] Diese Sonderbehandlung hinterliess für die ganze Vorlage einen schalen Nachgeschmack und wurde von der Republikanischen Partei umgehend als Schwäche des Gesetzes ausgelegt.

Spezielle Vereinbarungen für die vertretenen Bundesstaaten oder die Berücksichtigung ausgesuchter Interessen bedrohen den Nutzeffekt der Gesetze. Viele Vorlagen sind mit zugeschnittenen Bestimmungen ausgestattet, die zu einem Flickenteppich der Gesetzgebung führt. Aus meiner Sicht sollten die Gesetze für jedermann gelten. In Anspielung auf den Film *Amadeus*, in dem ein Berater des Kaisers eine Komposition Mozarts mit der lapidaren Bemerkung „Zu viele Noten" kritisierte, wage ich bezüglich der Vereinigten Staaten „Zu viele Ausnahmen" zu sagen.

---

[67] Definition by Wikipedia: "Herrschaftsform, in der Herrschaft durch Vermögen legitimiert wird".

[68] Bekannter Film aus dem Jahre 1939, der die Geschichte eines neuen Abgeordneten im Kongress schildert. Der aufrechte Mann wird durch den Senior Senator desselben Staates wegen dessen Einzelinteresse in grosse Bedrängnis gebracht, kann jedoch sein Anliegen erfolgreich vertreten, ohne seinen hehren Grundsätzen abzuschwören.

[69] Karoun Demirjian, "Nevada secures partial waiver from federal health care law" [Nevada sichert Teilverzicht auf Bundesgesundheitsrecht], *Las Vegas Sun*, 16. Mai 2011.

Robert Gates schreibt in seinen Memoiren,[70] dass Kongressmitglieder sofort ihre Meinung geändert haben, wenn eine Fernsehkamera zu sehen war. Ihr Verhalten verwandelte sich vom Verständnisvollen und Versöhnlichen zum Plumpen und Unzivilisierten, wie wenn sie ihre eigenen Interessen vor die der Bedürfnisse der USA stellen. Die positive Reaktion der öffentlichen Meinung, ausgedrückt in den Meinungsumfragen, ist wichtiger als die eigene politische Überzeugung oder das Einstehen für eine gute Lösung für das Land. Diese Zweideutigkeiten in der politischen Haltung ist heute das Geheimnis der amerikanischen Politik. Das Zweiparteiensystem spaltet die Nation.

Zurzeit lebt die politische Elite Amerikas nach dem Motto, dass politische Vorschläge, die für das Land gut wären, grundsätzlich abgelehnt werden, wenn sie aus der falschen politischen Ecke kommen. Derzeit entscheiden sich Sachabstimmungen oder Wahlen von Regierungsbeamten und Richtern im Kongress genau entlang der Parteilinien. Der Meinungsbildungsprozess im Kongress ist kein Bemühen, durch gute Argumente und Details zum Vorteil des Landes oder für ein besseres Leben der Bürger zu arbeiten. Sachargumente verschwinden im Gefolge der Parteipolitik. Stattdessen ist es ein Kampf zwischen Politikfiguren mit dem Ziel, mögliche Erfolge des Präsidenten zu vereiteln.

Es ist bedauernswert, wenn Vorschläge des Präsidenten von der Gegenpartei immer aus Prinzip zurückgewiesen werden. Oder wie es Norm Ornstein vom American Enterprise Institute sagt: „If Obama is for it, we are against, even if it is good for the country." [Wenn Obama dafür ist, sind wir dagegen, auch wenn es für das Land gut ist.][71] Was für eine Aussage! Der politische Prozess scheint das tiefe Niveau der persönlichen Rache erreicht zu haben.

---

[70] Robert M. Gates, "Duty: Memoirs of a Secretary of War" [Pflicht: Erinnerungen eines Kriegsministers], New York 2014
[71] Tamara Lytle, "What's Wrong with Washington" [Was ist falsch mit Washington?], AARP Bulletin, Dezember 2011, Seiten 16-18. (AARP = American Association of Retired Persons)

Der Kongress nimmt sich nur kleiner Ziele an und belässt die Hauptprobleme, wie das Haushaltsdefizit, unbeachtet, bis alles aus dem Ruder läuft. Hier beziehe ich mich auf das Gerangel um die Defizitkrisen vom Sommer 2011 und Herbst 2013 mit dem Effekt, dass die Regierung Zwangsferien machen musste. Zurzeit ist keine Absicht erkennbar, das Steuersystem als Ganzes zu vereinfachen oder die vielen Schlupflöcher und Ausnahmen aufzuheben. Der Präsident ist nicht befugt, diese Probleme alleine zu lösen. Kongressmitglieder wurden 2011 gebeten, schriftlich zu versprechen, nicht für eine Steuererhöhung zu stimmen. Die Mehrheit derjenigen, die diese Aufforderung befolgten, waren Mitglieder der Republikanischen Partei. Die "Sign the Pledge" Kampagne[72] der Lobby „Americans for Tax Reforms" blockiert alle Budgetkompromisse seit Jahren. Diese Lobbygruppe will die Regierungsausgaben kürzen (mit Ausnahme des Militärs) und dadurch tiefere Steuern haben. Die Opponenten wollen höhere Steuern, tiefere Militärausgaben und höhere Ausgaben für das Sozialwesen. Die Abgeordneten der Demokraten mussten ihrerseits eine Parteiplattform unterstützen, so dass zwei politische Blöcke entstanden sind, die unwillig sind, sich zu bewegen.

Weiter sind die Bemühungen der Kongressmitglieder zu nennen, spezielle Projekte oder Aufträge zur Arbeitsbeschaffung in ihren Wahlkreisen in die Gesetze aufzunehmen zu lassen. Als die Raumfahrtbehörde NASA[73] ihre Raumfahrtmissionen planten, waren alle Kongressmitglieder darum bemüht, die Vergabe von Aufträgen in ihre Staaten zu locken. So hatte die NASA 535[74] Experten zu berücksichtigen. Heute sind die Raumfahrtmissionen an eine private Firma ausgegliedert und die genannten „Experten" haben in dieser Angelegenheit

---

[72] "What is the Tax Payer Protection Pledge?" [Was ist das Versprechen zum Schutz der Steuerzahler?], *Americans for Tax Reform*, (http://www.atr.org/about-the-pledge).
[73] National Aeronautics and Space Agency (Raumfahrtbehörde)
[74] 100 Senatoren und 435 Repräsentanten

kein Sagen mehr. Andere Gesetzesvorlagen befolgen noch immer dieses Muster.

Das Zweiparteien System

Die heutige Blockadesituation im Kongress hat eine Menge mit der Wiedereinführung der strikten Parteidisziplin zu tun, die seit 20 Jahren beachtet wird. Die Umsetzung der Politik der eigenen Partei wird als die einzige wahre Lösung angepriesen. In den Neunzigerjahren war Newt Gingrich[75] ein starker Befürworter dieser Haltung, die Reihen innerhalb der Partei zu schliessen, und er hat dies in der Republikanischen Partei durchgesetzt. Der Wähler soll den Parteivorschlag bereits als Lösung für das Land ansehen, so dass ein Abweichen von dieser Linie als Niederlage ausgelegt wird.

Alle zwei Jahre sind die amerikanischen Wähler eingeladen, das Abgeordnetenhaus ganz und einen Drittel des Senats zu wählen. Der Präsident wird für vier Jahre gewählt. Die Macht wird durch die wechselnden Parteifarben des Präsidenten und die Mehrheiten in den beiden Kongresskammern ausgeübt. Das System von Kontrolle und Ausgleich (checks and balances) macht die Stabilität der Marke Amerika im Bereich Demokratie aus und beweist die Funktionstüchtigkeit der Demokratie als Regierungssystem. Das ist die ideale Situation. Die Wirklichkeit ist heute eine ganz andere.

Die Demokratische und die Republikanische Parteien dominieren das amerikanische Wahlsystem und es scheint, dass die beiden gleichstarken Parteien sich und den ganzen politischen Prozess blockieren. Die Regeln der Macht scheinen für europäische Augen sehr eigenartig, sind sie doch an eine breite Auswahl von Parteien im Mehrparteiensystem gewohnt. Amerikanische Wähler haben keine Partei zur Auswahl, wenn sie zum Beispiel für Umweltschutz und gegen Abtreibung sind.

---

[75] Abgeordneter im Repräsentantenhaus 1979 – 1999, von 1995 – 1999 deren Sprecher (Vorsitzender). Der Speaker of the House ist die 3. Hierarchiestufe im Regierungssystem nach dem Präsidenten und dem Vizepräsidenten

Kleinere Parteien haben keinen Einfluss. Es bestehen nur zwei Möglichkeiten, Demokraten oder Republikaner.

Die Bürger Amerikas wollen Handlungen sehen; sie erwarten von ihren Volksvertretern Entscheide und Resultate. Darum wählen sie die Senatoren und Repräsentanten in den Kongress. Und dafür zahlen sie auch ihre Steuern. Jedes Kongressmitglied sollte sich für das Allgemeinwohl Amerikas einsetzen. Politische Manipulation kann wohl nie ausgemerzt werden, doch die Abgeordneten sind für die Wahrung der gemeinsamen Interessen und Bedürfnisse gewählt. Wenn jede Stimme im Kongress nur ihre eigenen spezifischen Interessen vertritt, wird die allgemeine Wohlfahrt vernachlässigt.

Die Amerikaner leisten sich den Luxus von vielen ungelösten Problemen und der Kongress weigert sich, Lösungen in Form von Kompromissen zu suchen. Stattdessen wird viel Energie darauf verschwendet, die Geburtsurkunde des jetzigen Präsidenten anzuzweifeln; aus meiner Sicht ist das einfach lächerlich.

Ein neuerer Bericht der Pew Research Center fand, dass die Amerikaner heute politisch polarisierter leben als vor 20 Jahren.[76] Je 21 Prozent der Amerikaner bekennen, dass sie durchweg liberal oder durchweg konservativ sind. „Es gibt mehr als einen Drittel der Republikaner, die sagen, dass die Demokratische Partei eine Bedrohung für die Nation sei, und mehr als ein Viertel der Demokraten sagen dasselbe von den Republikanern", sagt Michael Dimock, Vizepräsident für Umfragen dieses Instituts.[77] Kompromiss scheint kein Ziel mehr zu sein. Stattdessen lieben es die Leute, mit Gleichgesinnten im Leben und an der Arbeiten umgeben zu sein, sie sind müde unterschiedliche Meinungen zu hören.

---

[76] "Pew study finds more polarized Americans increasingly resistant to political compromise" [Pew Bericht findet mehr polarisierte Amerikaner sind zunehmend resistant gegen Kompromisse], *Rocky Mountain PBS, The Newshour*, 12. Juni 2014, Gwen Ifill diskutiert mit Michael Dimock.
[77] Michael Dimock, ebd.

Das Land hat viele Krisen überlebt: einen Bürgerkrieg, faschistische Bedrohungen, Wirtschaftszusammenbrüche, Ermordungen von Präsidenten und Skandale aller Art – das Land ist stets gestärkt daraus hervor gegangen. Heute zeichnet sich ab, dass die inneramerikanischen Probleme und Schwächen das Land und den Kongress lähmen. Wenn auch die Wirtschaftsgeschichte zeigt, dass aus den vielen zyklischen Bewegungen und Krisen, selbst aus der Grossen Depression (1929 - 1939), immer ein Ausweg gefunden werden konnte, sind Taten dringend gefordert.

Der Zusammenbruch von 2007 und der Einfluss auf die Weltwirtschaft

Die Finanzkrise von 2007 hat eine weltweite Rezession ausgelöst. Die amerikanische Wirtschaftslage geriet ausser Kontrolle, da die Warnzeichen der anschwellenden Immobilienblase und des stark wachsenden Aktienmarktes grösstenteils nicht beachtet wurden. Die Folgen waren eine Lawine von Bankzusammenbrüchen und schwerwiegende wirtschaftliche Probleme in den Bundesstaaten, Gemeinden, Familien und Einzelpersonen.

Das Defizit des Bundes erhöhte sich während der Regierung Bush/ Cheney von 161 Milliarden Dollar im Jahr 2007 auf 1'413 Milliarden Dollar im Jahr 2009. Mit der Regierung Obama/Biden verblieb es auf dieser Höhe.[78] Ganz sicher stellt diese Anhäufung von Schulden eine ungesunde wirtschaftliche Situation dar – mehr ausgeben als einnehmen, kann nicht ewig dauern. Spätere Generationen müssen diese Mehrausgaben bezahlen.

Die aktuelle Wirtschaftskrise erinnert mich an die jungen Tage der Republik, als Goldgräber (zum Beispiel im Goldrausch von 1863) auf die Schnelle ein Vermögen fanden und es ebenso schnell beim Spielen am Abend verloren. Das war der Wilde Westen mit Bank- und Postwa-

---

[78] http://www.usgovernmentspending.com/federal_deficit_chart.html

genräubern, den Bösewichten jener Tage. Einige von ihnen wurden Berühmtheiten, die sich ihrer eigennützigen Handlungen durchaus bewusst waren. Ihr Trieb war, schnelles Geld zu machen.

Können wir die Unternehmensplünderer und die übermässig bezahlten Führungskräfte als heutige Bösewichte sehen? Sind sie sich der unverschämten, rücksichtslosen und eigennützigen Handlungen bewusst? Das Ziel ist noch immer, sehr schnell ein Vermögen zu schaffen. Dies ist oft auf Kosten anderer geschehen und durch Missbrauch von Macht erst möglich geworden.

Konjunkturprogramme

Bemühungen der Regierungen, die Wirtschaft anzukurbeln, werden vom Amerikaner kritisch betrachtet. So wenig Staat wie möglich ist ein eiserner Grundsatz in Amerika. Doch im Notfall erinnern sich alle an Uncle Sam. Während der Finanzkrise von 2007/2008 wurde laut nach Regierungsintervention gerufen (Autohersteller, Versicherungen, Banken) und die Regierung hat nicht gezögert zu helfen.

Den Finanz- und Versicherungssektoren wurde ohne Bedingungen geholfen und die Fehler der Verantwortlichen wurden so gedeckt. Wall Street (als Ausdruck für die Finanzindustrie) brachte Main Street (den Durchschnittsamerikaner) dazu, für die Fehler der Finanzkrise zu zahlen. Der Finanzsektor konnte sich erholen, die Anlagewerte der Durchschnittsbürger jedoch nicht.

Und es sind weitere ambivalente Beispiele zu nennen. Die Liste der Präsidentschaftskandidaten der Republikanischen Partei, die als Gouverneure oder Kongressmitglieder in der Hauptstadt Unterstützungen für ihre Wahlkreise angefragt und erhalten haben, ist lang:[79] der Gouverneur von Texas, Rick Perry mit 1,2 Milliarden Dollar für eine zeitlich begrenzte Aufstockung des Medicaid Funds in 2003, der Präsident-

---

[79] Michael Scherer, "All the Candidates' Pork, GOP presidential contenders want to cut federal spending. That wasn't always the case", [Der Kandidaten Spendierlaune, die Republikanischen Präsidentenanwärter wollen die Bundesausgaben kürzen. Das war nicht immer der Fall]. *TIME Magazine*, 29. August 2011, Seite 36.

schaftskandidat und ehemaliger Gouverneur von Massachusetts Mitt Romney mit 385 Millionen für Medicaid Subventionen in seinem Staat und 1,3 Milliarden Dollar für die Olympischen Spiele in Salt Lake City, der frühere Gouverneur von Utah, Jon Huntsman verlangte 2009 eine um 14 Milliarden Dollar erhöhten Konjunkturankurbelung für seinen Staat oder Michelle Bachmann, Repräsentantin von Minnesota fragte die Bundesbehörden für 150 Millionen Dollar an für die Finanzierung eines S-Bahnsystems. Genau die Kandidaten, die Regierungsausgaben verteufeln und ablehnen, sind hier mit teilweise unbescheidenen Summen vertreten. Man kann kaum ein widersprüchlicheres Verhalten finden. Die Vorgaben und Handlungen der politischen Kandidaten sollten ehrlich sein.

Aufschwung und Niedergang der amerikanischen Industrie

Die Vereinigten Staaten waren bekannt für Innovation: Was immer neuartig und leistungsfähig war, kam aus der Neuen Welt. Damit haben sie die Geschichte der Menschheit beeinflusst. Sei es der Einsatz elektrischer Energie in Glühlampen und Nähmaschinen, die Herstellung des in Europa erfundenen Benzinmotors und die damit verbundene Auswirkung auf die Mobilität, sei es die Einführung der Fliessbandarbeit (erstmals in Venedig für Schiffswerften im 15. Jahrhundert angewandt), die Etablierung des Taschenrechners oder dann des Personal Computers im Privat- wie im Geschäftsleben, all das beweist die langjährige industrielle Führerschaft der USA. Sie hat zu Umwälzungen und Herausforderungen im menschlichen Zusammenleben geführt. Die Erfinder und Hersteller profitierten davon, die Produkte und deren Akzeptanz auf einem riesigen Binnenmarkt testen zu können.

Die Erschliessung des Landes nach Westen war eine Angelegenheit der Eisenbahnen. Neue Gleise wurden nach Westen gebaut und die Dampf- und Dieseltechnik entwickelt. Die heute meist schief stehenden Telefonmasten entlang den Schienensträngen erinnern an die aussergewöhnlichen Herausforderungen, denen sich dieses Land und seine Bewohner damals gegenübersahen. Durch Erzählungen, Romane und Filme kann sich jedermann über diese raue und schreckliche Zeit informieren. In Tat und Wahrheit spornte die Eroberung des Westens die Entwicklung dieser Industriezweige an. Die USA waren hier der industrielle Führer.

Ende des 19. Jahrhunderts waren Maschinenbau und Schwerindustrie mit grossen Stahlfirmen Vorzeigesektoren. Grosse Traktoren, Schreibmaschinen, Registrierkassen, Drucker, Lifte oder Abfüllmaschinen, alles kam aus den USA. Ebenso war es mit der Textilindustrie.

An der Wende zum 20. Jahrhundert schrieb Frederick Arthur McKenzie in seinem Buch "The American Invaders":

"1902 beklagte sich eine Londoner Zeitung:
Der Durchschnittsbürger erwacht am Morgen mit dem Ton eines amerikanischen Weckers; er erhebt sich von seinem Leintuch aus den Neuengland-Staaten und rasiert sich mit New Yorker Seife und einer Yankee-Rasierklinge. Er zieht ein Paar Schuhe aus Boston über Socken aus West-Carolina an, schnallt seine Connecticut-Hosenträger fest, lässt seine Waterbury-Uhr in seine Tasche gleiten und setzt sich zum Frühstück hin ... Er erhebt sich von seinem Frühstückstisch, stürzt hinaus und erwischt eine Strassenbahn, die in New York gefertigt wurde, und fährt bis Shepherds Bush, wo er einen Yankee-Lift benützt, der ihn zu einem mit amerikanischen Interieur ausgestatteten Zug führt, der in die Stadt fährt. In seinem Büro ist selbstverständlich alles amerikanisch. Er sitzt auf einem Nebraska-Drehstuhl vor einem Rollpult aus Michigan, schreibt seine Briefe auf einer Syracuse Schreibmaschine und unterschreibt mit einer Füllfeder aus New York. Er trocknet

die Tinte mit Löschpapier aus Neu-England. Die Briefkopien werden in einem Ordner aus Grand Rapids abgelegt."[80] Das waren noch Zeiten, als alles in den USA gefertigt wurde.

Die neuen praktischen Produkte und Ausrüstungen setzten sich rasch durch, auch wegen der einfachen und übereinstimmenden Vorschriften im Binnenmarkt. Damit wurden neue Standards gesetzt, die meist im Ausland übernommen werden mussten. (Natürlich sind viele Erfindungen auch in Europa oder Japan gemacht worden. Schliesslich ist es das Zusammenfliessen aller Erfindungen, die den Lebensstandard ausmachen, den wir in der industrialisierten Welt geniessen. Zu behaupten, dass der Erfolg nur amerikanischen Anstrengungen zu verdanken sei, wäre selbstverständlich übertrieben und nicht wahr.)

Zu Beginn des 20. Jahrhunderts wurde die weitere Entwicklung der Eisenbahnen mit schnelleren und komfortableren Zügen aufgegeben und mit der Entdeckung des Öls durch die Entwicklung des Autos und dem Strassenbau ersetzt. Die Automobilindustrie wurde zum Inbegriff amerikanischer Technologie. Mit der Fliessbandproduktion und entsprechend günstigen Verkaufspreisen war es möglich, dass sich alle Bewohner des Landes ein Auto leisten konnten. Die Verkaufserfolge schufen eine blühende Industrie. Noch später wurde die Verlagerung auf die Strasse durch das Flugreisen ergänzt.

Jedoch ist die amerikanische Autoindustrie nicht mehr der Branchenführer. Heute sind die einst riesigen Fabriken in Detroit der Marken Ford, General Motors und Chrysler deutlich kleiner geworden. Vor wenigen Jahren kämpften diese drei Grossen gar ums Überleben. In den Nachkriegsjahren sind viele ernsthafte Wettbewerber in Asien entstanden, die, zusammen mit europäischen Marken, den amerikanischen Markt neu aufmischten.

---

[80] Frederick Arthur McKenzie, *The American Invaders: Their Plans, Tactics and Progress* [Die amerikanischen Invasoren, ihre Pläne, Taktik und Fortschritt], (London: Grant Richards, 1902), S. 142f. Zitiert bei Sylvia Nasar, *Grand Pursuit* (New York: Simon & Schuster, 2011) S. 140.

In den Jahren 2008 und 2009 erhielten die amerikanischen Autobranche grosszügige Unterstützung durch die Regierungen Bush und Obama. Die betroffenen Firmen GMC und Chrysler zahlten ihre Kredite frühzeitig zurück. Es ist erfreulich, dass der einst blühende und später kränkelnde Industriezweig vier Jahre später seine Erholung zeigte und die Autoherstellung in den USA wieder ein Auskommen für Ingenieure und Arbeiter bietet.[81] Die Hilfe des Bundes an diesen Sektor war meines Erachtens richtig und wegweisend.

In der Flugindustrie gaben einst viele amerikanische Gesellschaften den Ton für die Herstellung von Passagierflugzeuge an, jedoch sind sie verschwunden oder mussten sich zusammenschliessen (Lockheed, Douglas, McDonnell). Boeing, der einzige Überlebende, ist heute auf Platz 2 hinter dem europäischen Airbus Konsortium.[82] Andere Hightech Industrien wie die Solarindustrie oder die Herstellung von Computern sind nach Fernost abgewandert und haben in den USA nur kleine Restproduktionen.

Neben neuen Produkten gab es auch viele Neuigkeiten und Entwicklungen im Bereich der Kultur (Jazz, Musicals, Filme), Kommunikation (Radio, Fernseher, Telefon, Computer), im Bereich Management, Architektur und Ingenieurswissenschaften (Eisenbahnen, grosse Brücken, Wolkenkratzer, Flugzeugindustrie).

Ökonomische Folgen – Alles wird in China hergestellt

Der „American Way of Life" galt als Traum und Inspiration rund um die Welt. Er brachte grossen Wohlstand in die industrialisierten Länder der nördlichen Welthälfte.

Während vieler Jahrzehnte waren die USA der Motor ihrer eigenen Entwicklung und sie beeinflussten den Rest der Welt. Erfindungen aller

---

[81] Bill Saporito/Auburn Hills, "Power Steering, How Chrysler's Italian Boss Drives an American Auto Revival" [Servolenkung, Wie der italienische Bosse von Chrysler eine Wiederbelebung des amerikanisches Autos steuert], *TIME Magazine*, 19. Dezember 2011, Seite 36.
[82] Der Marktanteil von Airbus ist 52 Prozent für 2010, "2010 ein Rekordjahr für Airbus", *Neue Zürcher Zeitung*, 17. Januar 2011.

Art führten zu neuen Produkten und öffneten neue Märkte. Heute ist dies anders. Die meisten Produkte, die ich hier in die Hände nehme, sind in China hergestellt. Ganz selten sehe ich die Aufschrift „Made in USA".

Üblicherweise sind Wirtschaftsprozesse durch die Mischung von Landwirtschaft und Bergbau, Güterherstellung und Dienstleistungen (Banken, Versicherungen, Tourismus, Gesundheitswesen u.a.) getrieben. In diesem Land setzt die Mehrheit der Bevölkerung auf den Goldrausch, Finanzmärkte und schnelles Geld. Es ist eine weit verbreitete Ansicht, dass der wirtschaftliche Erfolg durch das Wall Street Denken gemacht wird und die einzige Quelle zur Einkommensentwicklung sei.

Seit dem Ausbruch der Finanzkrise von 2007 und dem Zusammenbruch der Immobilienblase haben die USA ein zusätzliches Problem: hohe Arbeitslosigkeit von gut ausgebildeten Leuten, die im Finanzsektor überzählig waren, haben weniger Ausweichmöglichkeiten in der Güterherstellung, da diese nach Asien verlagert wurde.

Die Verlagerung der Manufaktur weg von den USA muss in den 1980er Jahren begonnen haben, ihre Folgen wurden erst seit 2007 sichtbar. Es gibt viele Gründe, warum ein beachtlicher Teil des Produktionssektors die Vereinigten Staaten verlassen hat: günstigere Lohnkosten, Steuervermeidung, einfache Warentransporte und die moderne Kommunikationstechnologie. Von 2001 bis 2011 sind mehr als zwei Millionen Stellen von den USA nach China verlagert worden. Von allen Bundesstaaten ist Kalifornien am meisten betroffen worden und hat 475,000 Stellen verloren.[83] Das Verschwinden der Güterherstellung als grundlegende Veränderung der Wirtschaftsbasis wurde während 20 Jahren nicht bemerkt.

Der Mangel an Arbeitsmöglichkeiten im Produktionsbereich lässt viele Talente ohne Arbeit. Wenn der amerikanische Angestellte ar-

---

[83] Danielle Kurtzleben, "Report: America Lost 2.7 Million Jobs to China in 10 Years" [Report: Amerika verlor in 10 Jahren 2,7 Millionen Stellen an China], *U.S. News and World Report,* August 24, 2012

beitslos wird, hat dies Auswirkungen auf die Kaufkraft, das Bruttonationaleinkommen und die Steuereinnahmen auf allen Stufen. In vielen Teilen der USA bleibt die Arbeitslosigkeit hoch und die Einkommen tief. Wegen den verminderten Steuereinkommen sind Investitionen der Bundes- und der Staatsregierungen infrage gestellt. Einige Leistungen in den Bereichen Erziehung und Gesundheitswesen sind von Kürzungen betroffen. Erst mit der Wirtschaftskrise kamen Ideen auf, die Manufaktur ins Land zurückzubringen. Das wird schwierig und teuer werden.

Wenn die Fabriken von ihren bisherigen Standorten in den USA oder in Europa in die Dritte Welt verschoben werden, so werden auch Wissen und Produktionsgeheimnisse verlagert, die dort ein eigenes Leben entwickeln können. Diese Kenntnisse sind nun in fremden Händen in unterschiedlichen Kulturen, anderen Werten und unbekannten Absichten. Nachahmungen und Kopien sind Grundsteine für den Erwerb von Wissen und praktischen Fähigkeiten, aus dem heraus eine Wettbewerbssituation entstehen kann. Die heutige Gefahr für amerikanische und europäische Ideen und Erfindungen ist, dass sie gestohlen oder nachgemacht werden. Vor einigen Jahrzehnten hat man in Japan Technologien aus den Bereichen der optischen Instrumente, der Automobile und der Computer kopiert. Heute schaut man diesbezüglich besorgt auf China und Südkorea, die wettbewerbsfähige Herstellungszentren und damit billige Konkurrenten zur US-Industrie geworden sind.

Die Finanzkrise zerstörte das wunderbare Bild eines blühenden Amerika im wahrsten Sinne des Wortes. Der Immobilienmarkt brach mit der Finanzkrise von 2007 zusammen. Grundbesitz ist keine Quelle für Wertsteigerungen mehr. Was als automatischer Prozess für andauernde Aufwertungen von Grundbesitz, Geldanlagen und Wertsachen lange gültig war, ist verschwunden. Die Ersparnisse und stillen Reserven, die amerikanische Familien in ihre Häuser investiert hatten, wurden halbiert. Viele amerikanische Familien haben sich auf diese Aufwertungen verlassen und sehen sich nun damit konfrontiert, dass die Vermögenswerte einfach nicht mehr vorhanden. Diese Werte waren für die Ausbildung der Kinder oder die Pensionierung gedacht.

Die Verlagerung der Produktion in den Fernen Osten bewirkte einen Strukturwandel in der amerikanischen Wirtschaft wie auch der Arbeiterschaft, was mit der Verminderung der Mittelklasse beklagt wird. Der abwandernde Produktionssektor trifft vorerst die Handwerkerstellen. Anfangs werden die entlassenen Arbeitskräfte in anderen Wirtschaftssektoren Stellen suchen, bis diese vom selben Schicksal der Abwanderung betroffen sind. Wird diesem Muster weiter gefolgt, wird sich die Wirtschaftsstruktur des Landes allmählich und fortlaufend verändern. Der Nachrichtensender MSNBC publizierte eine Reihe von Inseraten mit Erklärungen zu aktuellen Problemen. Eines davon erklärte:

"Wir haben kein Steuerproblem, wir haben ein Einkommensproblem. Wir haben dem amerikanischen Arbeiter gesagt, er sei nicht mehr nützlich, es sei besser, es in Übersee zu machen als gerade hier. Das ist falsch. Wir müssen in Leute investieren, wieder in den Produktionssektor investieren. Nur so werden wir die Wirtschaft herumdrehen."[84]

Derartige Perioden der wirtschaftlichen Ungewissheit tragen aber auch eine Chance in sich - den Weg zur Veränderung. Wird dieser jetzt eingeschlagen? Es gibt in den USA eine Menge Arbeit zu tun um die Defizite des Bundes wie auch der Bundesstaaten zu vermindern. Zusätzlich zeigt sich, dass die Einkommens- und Vermögensverteilung stark unausgewogen ist. Die Zukunft für den einkommensschwachen Amerikaner scheint für viele Jahre hoffnungslos. Wenn sie keine Arbeit finden, müssen sie ihre Ersparnisse anbrauchen oder das Geld benützen, das für die Pensionierung gedacht war. Das Pensionsdatum wird

---

[84] Ed Schultz, MSNBC host, MSNBC/Lean forward (Inserate im *TIME Magazine* 2011).

daher hinausgeschoben. Die Zahl der Langzeitarbeitslosen wird hoch bleiben. Nicht bezahlte Hypothekarzinsen, ausbleibende Amortisationszahlungen, eingeschränkter Konsum, Steuerdefizite – all das kennzeichnet die heutige Situation.

Das amerikanische System folgt nicht länger dem früher bekannten Grundsatz der Vermögensbildung: „Kaufe ein Haus, verkaufe es später mit Gewinn und zieh an den nächsten Ort mit einem Stellenangebot." Die Werte haben sich verändert und Wirtschaft wird in naher Zukunft nur verhalten neuen Möglichkeiten für Wachstum und Beschäftigung bringen.

Man sagt, dass die Lücke zwischen Wall Street und Main Street sich während der letzten Jahre deutlich vergrössert hat. Sich ähnelnde Probleme der verschiedenen Kreise werden sehr unterschiedlich behandelt. Auf der einen Seite konnten die Verantwortlichen der grossen Immobilien- und Hypothekenkrise von 2007 auf grosse Nachsicht zählen und wurden gerichtlich nicht belangt; auf der anderen Seite waren die kleinen Leute der Gnade des Gesetzes ausgesetzt, wenn sie ihre Zinsen oder Hypothekarrückzahlungen nicht begleichen konnten.

Die absurden Erfolge der Finanzindustrie mit unverschämten Bonuszahlungen und Missachtung der Aktionäre machte die amerikanische Gesellschaft blind für die Änderungen in der Wirtschaft. Viele Amerikaner bauten sich von 2003 bis 2007 Luftschlösser als neue oder zusätzliche Häuser und wollten schnell mit Gewinn verkaufen. Sie sahen nicht, dass sie Kartenhäuser errichtet haben.

Forderungen nach mehr Arbeitsplätzen können nicht über Nacht erfüllt werden. Grundsätzlich ist es an der Geschäftswelt, ihre Investitionsentscheide zu überprüfen und die Produktion, wenn immer möglich, zurück in die USA zu verlegen.

Die Mittelklasse zu retten ist grundsätzlich Aufgabe und Verpflichtung der Wirtschaftsbeteiligten, die jedoch persönlichen Gewinn über die Rückverlagerung von Arbeitsstellen in die USA stellen. Es ist eine ungesunde Entwicklung, dass die Vorgaben der Wall Street für kurzfristige Resultate und grosse Bonusse den Industriesektor erobern. An der Wall Street werden nur sofortige Ergebnisse gelobt.[85] Mittel- und langfristige Zeiträume sind hingegen für Forschung und Entwicklung von besseren und neuen Produkten nötig.

Als Standard and Poor's 2011 das Kreditrating der USA herabsetzte, war für die ganze Welt sichtbar, dass die Vereinigten Staaten wie auch eine grosse Zahl der Bundesstaaten stark verschuldet sind. Es ist ein kleiner Trost, dass sich eine Mehrheit der europäischen Staaten ebenfalls in der Krise befindet, wenngleich aus anderen Gründen. Die Vormachtstellung des Westens wird daher grundsätzlich in Frage gestellt.

Da sind noch weitere Eigenheiten der amerikanischen Industrie zu erwähnen. Am World Economic Forum 2012 in Davos wurde davon gesprochen, dass es einen Trend innerhalb der Grosskonzerne gebe, nur ihre eigenen Interessen zu verfolgen.[86] Sie zögern hingegen, wenn es darum geht, Teil eines weltweiten Problems zu lösen. Sie nehmen es als selbstverständlich hin, vom Heimatstaat geschützt zu werden.

„Der Ökonom Clyde Prestowitz schreibt in ‚Foreign Policy', dass Apple sich nicht verpflichtet fühlt, die Probleme der amerikanischen Wirtschaft zu lösen, aber von Uncle Sam erwartet, dass er die Rechte des Geistigen Eigentums schützt und die Schifffahrtswege sichert, sodass die in China hergestellten Waren geliefert werden können."[87]

Um den Kreis zu schliessen muss erwähnt werden, dass viele global tätigen Firmen die USA wegen Steuern verlassen. Um ein Beispiel zu nennen: Die früher in Miami beheimatete Carnival Cruise Lines (Kreuzfahrtgesellschaft) operiert nun von Panama aus. Doch 2014, als

---

[85] Rana Foroohar, "Wall Street's Values are Strangling American Business" [Wall Street's Werte erwürgen die amerikanische Wirtschaft], *TIME Magazine*, 21. Juli 2014
[86] Rana Foroohar, "Companies Are the New Countries" [Die Firmen sind die neuen Länder], *TIME Magazine*, 13. Februar 2012, Seite 21.
[87] Rana Foroohar, ebd.

ihr Schiff „Carnival Triumph" in Seenot geriet, rief man die amerikanische Coast Guard zur Rettung.[88] Die Kombination von erwarteter Rettung und Steuervermeidung ist absurd. Die genannte Firma will keine Bundessteuern zahlen, erwartet aber Regierungshilfe.

Ein anderer Zugang in Europa

Amerikanische Freunde, die die Schweiz und Deutschland besucht haben, erzählten mir, dass sie erstaunt waren, dort viele lokal hergestellte Güter zu sehen beispielsweise Haartrockner, Mixer, Pfannen, Werkzeuge aller Art, Möbel. In Europa hergestellte Waren sind von hoher Qualität. Diese ist ein integraler Bestandteil des Produktes und hat einen höheren Preis.

Kleinere europäische Märkte werden nicht dieselben Vorteile aus der Produktverlegung ziehen wie aus den USA; daher sind die Hersteller nicht gleich überzeugt, die Arbeit nach Fernost zu verlegen. Es gelten kleinere Herstellungsgewinne.

Hier ein Beispiel. Die USA sind ein gigantischer Markt mit einheitlicher Gesetzgebung, vergleichbaren Gemeinkosten und gleichem wirtschaftlichem Denken. Das sind Vorteile für Skaleneffekte. Um den Skaleneffekt in Amerika zu erklären, muss man wissen, dass eine grosse Startproduktion nötig ist, nur um alle Verkaufsstellen im Land zu bedienen.

Wenn jemand ein Buch verkaufen will, ist eine Mindestauflage von 50'000 Exemplaren erforderlich, nur um alle Buchhandlungen in den fünfzig Staaten zu beliefern. Wenn eine Herstellung vor Ort 5 Dollar pro Buch kostet und in Asien 4 Dollar, ist die Ersparnis des Verlegers 50'000 Dollar.

Im Vergleich würde im deutschsprachigen Raum seine Auflage von zehntausend Exemplaren reichen, um alle Verkaufsstellen zu bedie-

---

[88] Allan Sloan, "Positively un American tax dodges" [Sicher unamerikanische Kniffe], *Fortune*, 7. Juli 2014. (Die Gesellschaft zahlte die direkten Kosten an die Coast Guard zurück.)

nen. Beim gleichen Rechenmodell wird die Verlagerung nach Fernost im deutschsprachigen Markt nur eine Einsparung von 10'000 Dollar ausmachen. Der Anreiz für den amerikanischen Verleger ist so fünfmal grösser, seine Herstellung in den USA aufzugeben und nach Asien zu verlegen.

Die Exportwirtschaften von Mitteleuropa und Skandinavien produzieren noch immer in Europa. Ihre Produkte sind von hoher Qualität und sie werden mit einem höheren Preis verkauft. Familienunternehmen fühlen sich für die Produkte verantwortlich, so wie auch gegenüber ihren Führungskräften und Arbeitern. Es scheint, dass viele europäische Kunden bereit sind, gute Qualitätswaren „Made in Germany", „Swiss Made" oder „Fabriqué en France" zu einem höheren Preis zu kaufen. Wieso handelt der amerikanische Kunde nicht genauso mit amerikanischen Produkten? Ist er der wirkliche „homo economicus", der immer den niedrigsten Preis zahlt? Tatsache ist, dass man in den USA gar keine amerikanischen Qualitätsprodukte mehr findet.

7. Meine Vision für Amerika

Die Vereinigten Staaten haben während den letzten 200 Jahren Millionen von Leuten jede Menge Chancen geboten. Es ist ein Einwanderungsland aus aller Welt seit der Entdeckung des Kontinents. Es ist ein ausserordentlich schönes Land mit Bewohnern, die bereit sind, ein Lächeln, eine Geschichte, ein Essen oder gar ihr Heim zu teilen. Die amerikanischen Bürger wollen arbeiten, eine Familie gründen und ein Haus kaufen. Sie wollen Chancen haben.

Mit meinen Ausführungen habe ich den Leser auf eine Rundreise von amerikanischen Vorfällen und Eingriffen in internationale Angelegenheiten und Politik geführt. Die Reise ging zurück in die engagierte Rettung Europas vom 2. Weltkrieg, den Vietnamkrieg, den Zusammenbruch der Sowjetunion, der Irakkrieg. Es wurde mit meinen Überlegungen dargestellt, wieso Amerika in den Augen der Europäer den Respekt als Führer der Welt eingebüsst hat.

Die Schlussfolgerung meiner Überlegungen lautet, dass die amerikanische Demokratie verzerrt ist. Die nationale Führerschaft ist unwirksam und in einer Sackgasse. Mitglieder des Kongresses stehen nicht für die Anliegen der Bürger ein sondern für die Partei oder ihre Wiederwahl. Ist dieses Land eine Plutokratie? Wahrscheinlich müssten die 230 Jahre alten politischen Strukturen an die Bedürfnisse des 21sten Jahrhundert angepasst werden. Ein Wechsel ist gewünscht und die Dringlichkeit gegeben.

Vertrauen, Solidarität und Werte

Die Amerikaner leben in einer Einheit, den Vereinigten Staaten von Amerika. Für dieses Organ wurde die Unabhängigkeitserklärung, die Verfassung und einige Nachträge geschrieben und Gesetze erlassen mit dem Ziel, in Frieden zusammenleben. Die Gründer der Nation erklärten: Freiheit, Gleichheit und Gerechtigkeit. Ich erkläre 2014, dass

Toleranz und Respekt in der amerikanischen Führung vermisst wird und daher das Vertrauen gebrochen ist.

Mein Appell an die amerikanischen Bürger:
- Nehmen Sie Ihre politische Verpflichtung und Ihre demokratischen Rechte ernst. Ein Recht ist das Stimmrecht, mit dem sie die besten und vertrauensvollsten, überzeugtesten, aufrichtigsten und engagiertesten Vertreter für die Demokratie auswählen. Wählen sie diejenigen Vertreter aus, die sich für Sie und *ihre* Bedürfnisse einsetzen wird.
- Nehmen Sie die Vorteile von sozialen Modellen auf, die in anderen Ländern eingeführt wurden. Vertrauen Sie diesen ausländischen Modellen, die diese Sozialgesetze vor Jahrzehnten eingeführt haben. Ich habe detailliert die erfolgreiche Struktur dieser Einrichtungen erklärt, die in der Schweiz seit mehr als 30 Jahren in ihrer Ganzheit funktionieren. Gesundheitswesen, Altersvorsorge und Pensionspläne für Alle sind in einer Führungsnation unerlässlich.
- Unternehmen sie etwas und engagieren Sie sich für die künftige Sozialgesetzgebung ihres Landes. Einfache Programme für die Alten, die Kranken, die Arbeitslosen und die Rentner werden eine innere Ruhe bringen und die Lebensqualität erhöhen.

Mein Appell an die Regierung, den Kongress und alle Politiker:
- Führen Sie mit Respekt, Toleranz und Engagement! Interkulturelle Werte kennen, von anderen Ländern und ihren Werten lernen ist ein Türöffner für Kommunikation, friedliche Lösungen oder Kompromisse. Der Rest der Welt schaut auf die Vereinigten Staaten und bewertet jede ihrer Bewegungen. Ihre Stimme wird auf der ganzen Welt gehört, ihre Taten werden überall gesehen und die Auswirkungen sind nachhaltig.
- Haben Sie Mitgefühl für das ganze amerikanische Volk. Zuhören und aufnehmen, was diesen wichtig ist, wird dieses Land aus der negativen Abwärtsbewegung führen. Sie können das Ver-

trauen der Bürger gewinnen, wenn sie für diese einstehen. Die Amerikaner müssen Solidarität auf allen Stufen schaffen – in Gemeinde, im Bundesstaat und im Bund, und für das Wohlbefinden und der Erfolg der Leute einstehen. Sie müssen das Vertrauen zurückgewinnen!

- Führen und verwalten Sie das Land wie wenn Sie ein eigenes Geschäft führen würden. Führerschaft des 21sten Jahrhunderts verlangt Kommunikation, Vereinbarung, Engagement, Kompromiss, Anpassungsfähigkeit, Taten und harte Arbeit.

* * * *

Was ist ihre Vision für dieses Land?
Was ist für die amerikanische Gesellschaft wichtig?
Was ist der Zweck Ihrer Führung?
Was ist für Sie wichtig, als Individuum?
Was ist Ihr Engagement für dieses Land?

Über das Buch

„Amerika – Noch immer ein Traumland" bietet eine zum Nachdenken führende Sicht von amerikanischen Begebenheiten und Einmischungen in internationale Angelegenheiten und Politik aus der Sicht eines Schweizer Ökonomen. Werner Neff's Studie führt zurück ins Jahr 1945 mit der brillanten Rettung Europas vom 2. Weltkrieg, geht dann weiter zum Vietnamkrieg, zum Zusammenbruch der Sowjetunion und zum Irakkrieg; er bietet uns eine aufschlussreiche Theorie an, warum Amerika in den Augen vieler Europäer seinen Respekt als Weltführer verloren hat.

Neff's Beobachtungen zeigen ein politisches Portrait Amerikas von 2014, das weniger nachsichtig ist und von Plutokratie, ineffizienter und ausser Kontrolle geratener Führung des gewählten Abgeordnetenhauses und Senats. Er vermittelt seine Theorie einer verzerrten Demokratie.

Der Autor führt den Leser auf eine Reise von Begegnungen mit Amerikanern aus der Sicht eines Besuchers, der Einwohner wurde. Er beleuchtet die aussergewöhnliche Leidenschaft des amerikanischen Volkes und ihrer grossen Gastfreundschaft und Grosszügigkeit.

Das Buch stützt sich ab auf Neff's Studien, Nachforschungen und sein profundes Wissen von sozial-ökonomischen und politischen Situationen der Amerikaner und deren internationalen Beziehungen und Mitwirkungen in der Weltpolitik.

Neff spricht zu allen amerikanischen Bürgern und von deren demokratischen Rechten und Pflichten. Er erklärt detailliert von der Schweizer Altersvorsorge, Rentenplänen und der zwingenden Gesundheitsversorgung. Die Schlussfolgerung seiner Studien zeigt, dass die Schweizer stolz sind auf die Fürsorge ihrer Einwohner von Geburt an bis zum Tod, ohne deswegen Schulden zu machen und gleichzeitig ihre Zukunft sorgfältig planen. Solidarität, Verpflichtung und Freiheit sind Schweizer Grundwerte. Der Autor appelliert an das amerikanische

Volk und die amerikanische Regierung, eine Demokratie wiederherzustellen, die auf Vertrauen, Solidarität und Werte beruht.

Über den Autor

Werner Neff hat ein Lizenziat in Wirtschaft der Universität St. Gallen und ein Doktortitel in Politischen Wissenschaften der Freien Universität Berlin. Er wurde als Bankangestellter im erfolgreichen Hypothekar- und Unternehmenskreditgeschäft einer Schweizer Grossbank pensioniert und übersiedelte mit seiner amerikanischen Gattin in die USA.

Der Autor, der sich leidenschaftliche mit aktuellen Fragen, Tages- und Wirtschafts- und Sozialpolitik beschäftigt, fasst seine Studien nach seiner Ankunft in den USA zusammen und schrieb eine Anzahl Überlegungen und Nachforschungen zum Amerikaner, seiner Geschichte und zur Landes- und Aussenpolitik.

Neff lebt im Staat Colorado, wo er es schätzt, Studien in Wirtschaft und Philosophie zu betreiben.